Terapia
Cognitivo-comportamental

Edição de Bolso

Terapia
Cognitivo-comportamental

Para leigos
Edição de Bolso

Tradução da 2ª Edição

Rhena Branch e Rob Willson

ALTA BOOKS
EDITORA
Rio de Janeiro, 2019

Teoria Cognitivo-Comportamental Para Leigos® — Edição de Bolso
Copyright © 2019 da Starlin Alta Editora e Consultoria Eireli. ISBN: 978-85-508-0606-8

Translated from original Cognitive Behavioural Therapy For Dummies,® 2nd Edition. Copyright © 2010 John Wiley & Sons, Ltd. ISBN 978-0-470-66541-1. This translation is published and sold by permission of John Wiley & Sons, Ltd., the owner of all rights to publish and sell the same. PORTUGUESE language edition published by Starlin Alta Editora e Consultoria Eireli, Copyright © 2019 by Starlin Alta Editora e Consultoria Eireli.

Todos os direitos estão reservados e protegidos por Lei. Nenhuma parte deste livro, sem autorização prévia por escrito da editora, poderá ser reproduzida ou transmitida. A violação dos Direitos Autorais é crime estabelecido na Lei nº 9.610/98 e com punição de acordo com o artigo 184 do Código Penal.

A editora não se responsabiliza pelo conteúdo da obra, formulada exclusivamente pelo(s) autor(es).

Marcas Registradas: Todos os termos mencionados e reconhecidos como Marca Registrada e/ou Comercial são de responsabilidade de seus proprietários. A editora informa não estar associada a nenhum produto e/ou fornecedor apresentado no livro.

Impresso no Brasil — 1ª Edição, 2019 — Edição revisada conforme o Acordo Ortográfico da Língua Portuguesa de 2009.

Publique seu livro com a Alta Books. Para mais informações envie um e-mail para autoria@altabooks.com.br

Obra disponível para venda corporativa e/ou personalizada. Para mais informações, fale com projetos@altabooks.com.br

Produção Editorial Editora Alta Books	**Produtor Editorial** Thiê Alves	**Marketing Editorial** Silas Amaro marketing@altabooks.com.br	**Gerência de Captação e Contratação de Obras** autoria@altabooks.com.br	**Vendas Atacado e Varejo** Daniele Fonseca Viviane Paiva comercial@altabooks.com.br
Gerência Editorial Anderson Vieira	**Produtor Editorial (Design)** Aurélio Corrêa		**Ouvidoria** ouvidoria@altabooks.com.br	
Equipe Editorial	Adriano Barros Aline Vieira Bianca Teodoro	Ian Verçosa Illysabelle Trajano Juliana de Oliveira	Kelry Oliveira Paulo Gomes Thales Silva	Viviane Rodrigues
Tradução Lia Gabriele Magalhães Regius dos Reis	**Copidesque** Wendy Campos	**Revisão Gramatical** Carolina Gaio	**Revisão Técnica** Daniela Sopezki Psicóloga, instrutora de yoga e mindfulness	**Diagramação** Luisa Maria Gomes

Erratas e arquivos de apoio: No site da editora relatamos, com a devida correção, qualquer erro encontrado em nossos livros, bem como disponibilizamos arquivos de apoio se aplicáveis à obra em questão.

Acesse o site www.altabooks.com.br e procure pelo título do livro desejado para ter acesso às erratas, aos arquivos de apoio e/ou a outros conteúdos aplicáveis à obra.

Suporte Técnico: A obra é comercializada na forma em que está, sem direito a suporte técnico ou orientação pessoal/exclusiva ao leitor.

A editora não se responsabiliza pela manutenção, atualização e idioma dos sites referidos pelos autores nesta obra.

Dados Internacionais de Catalogação na Publicação (CIP) de acordo com ISBD

B816t	Branch, Rhena
	Terapia Cognitivo-comportamental Edição de Bolso / Rhena Branch, Rob Willson ; traduzido por Wendy. - Rio de Janeiro : Alta Books, 2019. 256 p ; il. ; 12cm x 17cm.
	Tradução de: Cognitive Behavioural Therapy For Dummies ISBN: 978-85-508-0606-8
	1. Terapia cognitiva. 2. Terapia Cognitivo-Comportamental. I. Willson, Rob. II. Wendy. III. Título.
2018-1830	CDD 616.89142 CDU 615.851

Elaborado por Vagner Rodolfo da Silva - CRB-8/9410

Rua Viúva Cláudio, 291 — Bairro Industrial do Jacaré
CEP: 20.970-031 — Rio de Janeiro (RJ)
Tels.: (21) 3278-8069 / 3278-8419
www.altabooks.com.br — altabooks@altabooks.com.br
www.facebook.com/altabooks — www.instagram.com/altabooks

Sobre o Autor

Rhena Branch é mestre em ciências e graduada em TCC, é terapeuta especializada em TCC e pós-graduada em supervisão clínica. Ela atende em seu consultório, no Norte e no Centro de Londres. Leciona e coordena o curso de mestrado em TCC/TREC na Goldsmith College, na Universidade de Londres. Rhena trata de distúrbios psiquiátricos em geral e tem interesse especial por distúrbios alimentares. *TCC Para Leigos* (2ª ed., edição de bolso), é a quinta publicação de Rhena, e atualmente ela possui outros dois livros em fase de impressão.

Rob Willson é bacharel em química, com mestrado em ciências e graduação pela SBHS. Ele atualmente divide a maior parte do seu trabalho entre o consultório particular e as pesquisas científicas sobre Transtorno Dismórfico Corporal, no Instituto de Psiquiatria de Londres. Anteriormente, trabalhou por 12 anos no Priory Hospital, ao Norte de Londres, como terapeuta e supervisor de serviços terapêuticos. Também treinou inúmeros terapeutas em TCC ao longo de sete anos na Goldsmith College, da Universidade de Londres. Os principais interesses clínicos de Rob são distúrbios de ansiedade e obsessão, e a divulgação dos princípios da TCC por meio da autoajuda. Ele já compareceu a diversos programas de televisão, incluindo o documentário da BBC "Too Ugly for Love" [Muito Feio para Amar, em tradução livre].

Dedicatória

Para Félix e Atticus (de Rhena).

Para Emma e Lucy (de Rob).

Agradecimentos dos Autores

Da parte de Rhena: É maravilhoso ter a oportunidade de produzir uma segunda edição deste livro. Meus agradecimentos a todos os envolvidos, pelo apoio e orientação ao longo de toda a jornada.

Obrigada a Rob por sua contribuição neste e em outros projetos.

Minha eterna gratidão aos meus meninos, por tudo.

Da parte de Rob: Sou extremamente grato à Wiley por me contatar (e eventualmente me persuadir) a fazer a primeira edição de *TCC Para Leigos*, sei que isso tornou a TCC mais acessível para muitas pessoas. Eu gostaria de agradecer a inúmeros clientes, clínicos, trainees, pessoas interessadas em TCC e aquelas corajosas o bastante para embarcar em um curso de autoajuda, não apenas por comprar a primeira edição, mas também pelo retorno e comentários positivos sobre o livro.

Obrigado a Rhena por suas revisões e pela condução desta segunda edição.

Da parte de ambos: Muitos pesquisadores, colegas terapeutas e autores influenciaram nossa compreensão e prática da TCC ao longo dos anos e, portanto, o resultado deste livro. Os fundadores Albert Ellis e Aaron T. Beck merecem menção especial, mas há muitos outros, como (sem ordem de importância): Ray DiGiuseppe, Mary-Anne Layden, Jacqueline Persons, David A. Clarke, Adrian Wells, Paul Salkovskis, Christine Padesky, Michael Neenan, David Burns, Kevin Gournay, Stanley Rachman, David Veale, David M. Clarke e muitos outros. Um agradecimento especial a Windy Dryden por ter nos ensinado tanto e tão bem.

Finalmente, um agradecimento sincero a todos os nossos pacientes, passados e atuais, por nos permitir conhecer e aprender com eles.

Sumário

Introdução 1

Parte 1: Fundamentos da TCC 9
CAPÍTULO 1: Você Sente da Forma Como Pensa 11
CAPÍTULO 2: Encontrando Distorções em Seu Pensamento 19
CAPÍTULO 3: Combatendo Pensamentos Nocivos 35
CAPÍTULO 4: Experimentos Comportamentais 47
CAPÍTULO 5: Treinando Sua Atenção 53

Parte 2: Definindo os Problemas e Estabelecendo Metas 63
CAPÍTULO 6: Explorando as Emoções 65
CAPÍTULO 7: Soluções que Causam Problemas 71
CAPÍTULO 8: Fixando o Foco em Suas Metas 79

Parte 3: Colocando a TCC em Prática 89
CAPÍTULO 9: Enfrentando Medo e Ansiedade 91
CAPÍTULO 10: Abolindo Adições 97
CAPÍTULO 11: Transtornos de Imagem Corporal 107
CAPÍTULO 12: Vencendo a Depressão 121
CAPÍTULO 13: Superando as Obsessões 135
CAPÍTULO 14: Superando a Baixa Autoestima 151
CAPÍTULO 15: Acalmando Sua Raiva 163

Parte 4: Olhando para Trás e Seguindo Adiante 183
CAPÍTULO 16: Olhe Novamente Seu Passado 185
CAPÍTULO 17: Assimilando Novas Crenças 199

CAPÍTULO 18: Buscando uma Vida Mais Saudável e Feliz............209

CAPÍTULO 19: Superando os Obstáculos ao Progresso 225

CAPÍTULO 20: Mantendo Suas Conquistas 233

CAPÍTULO 21: Trabalhando com Profissionais 239

Introdução

A Terapia Cognitivo-comportamental, ou TCC, tem se popularizado como um tratamento eficiente e de resultados duradouros para muitos tipos de problemas psicológicos. Se o termo "psicológico" faz você querer sair correndo e gritando da sala, tente considerá-lo como uma referência aos problemas que afetam seu bem-estar emocional e não o bem-estar físico. Em algum momento de sua vida, alguma coisa vai estar errada com o seu corpo. Então, por que as pessoas presumem que suas mentes e emoções estariam imunes a um indesejável soluço, algum tipo de desordem ou mesmo a um problema mais sério?

Este livro fornece uma introdução bastante abrangente da teoria e aplicação das técnicas da TCC. Embora não tenhamos espaço para detalhar de forma mais específica o uso da TCC para superar cada um dos problemas psicológicos, tentaremos guiá-lo para a direção certa. Acreditamos que todos os princípios e estratégias da TCC apresentados neste livro podem melhorar sua vida e ajudá-lo a permanecer saudável, independentemente de você já ter trabalhado ou estar trabalhando com um psiquiatra ou outro profissional da área de saúde mental.

Além do mais, independentemente de você pensar que seus problemas são muito pequenos; que sua vida é um mar de rosas; de estar um pouco deprimido ou de experimentar há anos desconfortáveis sintomas psicológicos, a TCC pode lhe ajudar. Pedimos que você mantenha sua mente aberta e que use o conteúdo deste livro para tornar sua vida mais feliz e realizada.

Sobre Este Livro

Se você está embarcando em uma jornada de autoajuda e de aperfeiçoamento, esperamos que este livro forneça uma introdução útil às técnicas da TCC e que traga os resultados esperados. Dependendo do grau de angústia ou sofrimento que suas dificuldades pessoais estejam lhe causando, este material pode ou não ser o tratamento suficiente para que você consiga se recuperar. O livro poderá incentivá-lo a procurar ajuda profissional (veja no Capítulo 19 mais informações sobre este assunto) para derrotar seus demônios emocionais. Este livro aborda os seguintes tópicos:

- Os fundamentos do uso da TCC como um método psicoterapêutico cientificamente testado e comprovado para superação de problemas emocionais.
- As formas de identificar seus problemas e estabelecer metas específicas para começar a viver a vida que você deseja.
- As técnicas para identificar os erros em sua forma de pensar e adotar pensamentos, atitudes, filosofias e crenças mais úteis.
- Experimentos e estratégias comportamentais que você pode incorporar na sua vida para melhorar seu desempenho no dia a dia.
- Informações que o podem ajudar a entender, classificar e encaminhar alguns problemas humanos bem comuns. Você pode pensar que é a única pessoa que sente e pensa como você. Este livro mostra que muitos dos problemas que você pode estar vivenciando, como depressão, ansiedade, raiva e obsessões, são na verdade muito comuns. Você não está sozinho.

Esperamos que toda a sua experiência seja, no mínimo, um pouco divertida ao longo do processo. Então, comece a leitura, acolha positivamente os novos conceitos e tente seguir algumas das ideias propostas neste livro.

Convenções Utilizadas Neste Livro

Para facilitar sua leitura e chamar sua atenção para palavras-chave ou pontos importantes, usamos certas convenções.

O *itálico* introduz novos termos, destaca diferenças importantes de significado entre palavras e realça os aspectos cruciais de uma frase ou exemplo.

Usamos o termo "ele" em vários capítulos e "ela" em outros tantos com a intenção de não fazer distinção entre os gêneros masculino e feminino.

Os casos estudados ao longo do livro são ilustrativos de pacientes reais tratados por nós, e não são representações diretas de nenhum deles em particular.

Usamos **negrito** para destacar a parte da ação em listas.

Só de Passagem

Este livro foi escrito em uma ordem tradicional para ajudá-lo a progredir dos fundamentos da TCC até as técnicas e ideias mais complexas. Entretanto, você pode ler os capítulos na ordem que desejar ou simplesmente ler os que tratam de assuntos sobre os quais você quer saber mais.

Penso que...

Ao escrever este livro, fizemos as seguintes suposições sobre você, querido leitor: você é humano.

- » Sendo humano, você provavelmente está em uma etapa de sua vida na qual vivencia algum tipo de problema emocional que gostaria de superar.
- » Você ouviu falar sobre a TCC, está intrigado ou ela lhe foi sugerida por um médico, amigo ou profissional da área de saúde mental como um possível tratamento para suas dificuldades específicas.

- » Mesmo que você pense que não precisa da TCC agora, você quer saber mais sobre os princípios apresentados neste livro.
- » Você acha que sua vida está absolutamente bem agora, mas quer encontrar informações úteis e interessantes que a podem melhorar no futuro.
- » Você quer descobrir se a TCC pode ser útil para alguém próximo.
- » Vocês está estudando TCC e quer usar este livro como manual prático em seu treinamento.

Como Este Livro Está Organizado

Este livro está dividido em quatro partes e 21 capítulos. O sumário lista os subtítulos, oferecendo mais informações sobre cada capítulo; a seguir descrevemos as seções principais deste livro:

Parte 1: Fundamentos da TCC

Esta parte dá uma boa ideia sobre em que consiste a TCC e como suas técnicas diferem de outras formas de psicoterapia. "Você pensa como sente" é uma boa maneira de resumir a TCC, e os capítulos desta parte desenvolvem essa ideia. Explicamos os erros comuns na maneira de pensar, bem como os meios de combater esses pensamentos distorcidos. Você descobrirá o modelo básico da TCC e como pode fazer mudanças positivas, mesmo quando as circunstâncias ou pessoas em sua vida não pareçam estar dispostas a mudar para melhor.

Parte 2: Definindo os Problemas e Estabelecendo Metas

Esta parte o ajuda a definir seus problemas de maneira mais minuciosa, a entender de onde eles surgem e a desenvolver metas sólidas para seu futuro emocional. Algumas de suas corajosas tentativas de lidar com suas preocupações, medos e ideais sobre si mesmo são frequentemente contraproducentes a longo prazo. Estes capítulos exploram essa noção e fornecem ideias sobre estratégias alternativas mais produtivas para gerar benefícios a longo prazo.

Parte 3: Colocando a TCC em Prática

Ações falam mais do que palavras, e acredite quando dizemos que ações também trazem melhores resultados do que apenas palavras. Corrigir sua forma de pensar é um esforço importante, mas todos os seus esforços para pensar de modo saudável podem ir por água abaixo se você não transformar as novas crenças em novas ações. Os capítulos desta parte apresentam algumas maneiras de testar novas formas de pensar, de fortalecer novas crenças saudáveis e de promover algumas respostas emocionais úteis para a vida. Se você não acredita, experimente essas ideias por você mesmo! Exploramos também algumas dificuldades humanas comuns, como ansiedade, transtornos obsessivos, vícios e baixa autoestima.

Parte 4: Olhando para Trás e Seguindo Adiante

"Mas a TCC ignora o meu passado!", essa é uma reclamação comum entre indivíduos iniciantes na área. Por isso estamos aqui para lhe dizer que a TCC não ignora seu passado. Sim, a TCC se concentra em como sua forma de pensar e seu comportamento *atuais* causam suas *atuais* dificuldades. Esta parte o ajuda a reconhecer experiências do seu passado que podem ter influenciado certos tipos de crenças sobre si mesmo, outras pessoas e o mundo que o cerca. Atribuir significados atualizados, úteis e precisos para os eventos passados pode fazer uma diferença incrível na maneira como você vive hoje. Por isso, continue lendo!

Ícones Usados Neste Livro

Usamos os seguintes símbolos para servir de alerta com relação a certos tipos de informação que você pode escolher ler, decorar (e possivelmente introduzir em uma conversa durante o jantar) ou talvez ignorar completamente.

Esse símbolo destaca conselhos de como colocar a TCC em prática.

Esse é um símbolo positivo e, por vezes, urgente, para lembrá-lo de pontos importantes que merecem atenção.

Esse símbolo chama a atenção para coisas específicas que devem ser evitadas ou possíveis armadilhas para manter seus olhos abertos durante a busca por uma vida emocional melhor.

Esse ícone destaca a terminologia usada na TCC, que pode parecer formal demais, mas que é usada com frequência por seus adeptos.

Esse símbolo indica uma técnica da TCC que você pode experimentar para ver quais resultados alcança.

De Lá para Cá, Daqui para Lá

Nós realmente gostaríamos que você lesse o livro inteiro e que depois o recomendasse a todos os seus amigos e pessoas que encontrasse na rua. Se esse não for o caso, use este livro como fonte de consulta sobre TCC sempre que julgar necessário.

Passeie pelos tópicos do sumário e opte pelos capítulos que pareçam trazer assuntos úteis para você e suas atuais dificuldades.

Após ler o livro, ou as partes que lhe interessaram mais, talvez você decida iniciar o tratamento da TCC com um terapeuta. Para tanto, consulte o Capítulo 19 para mais informações e conselhos sobre como conseguir tratamento.

1 Fundamentos da TCC

NESTA PARTE...

Compreenda as ideias defendidas pela TCC e porque esse tópico é tão comentado entre os profissionais de saúde mental.

Entenda como sua forma de pensar sobre os acontecimentos se relaciona com o que você sente.

Reconheça e lide com seus padrões negativos de pensamento.

Siga dicas sobre como controlar sua atenção.

> **NESTE CAPÍTULO**
> » Definindo a TCC
> » Explorando o poder dos significados
> » Compreendendo como seus pensamentos influenciam suas emoções e comportamentos
> » Conhecendo a fórmula ABC

Capítulo **1**

Você Sente da Forma Como Pensa

A terapia cognitivo-comportamental — comumente referida como TCC — enfoca a maneira como as pessoas pensam e agem para ajudá-las a superar seus problemas.

Muitas das práticas eficazes de TCC discutidas aqui deveriam fazer parte do senso comum. Em nossa opinião, a TCC tem princípios muito diretos e claros, e é uma abordagem bastante lógica e prática para ajudar as pessoas a superarem seus problemas. No entanto, os seres humanos nem sempre agem de acordo com princípios lógicos, e a maioria das pessoas acredita que soluções fáceis às vezes são muito complicadas de ser postas em prática. A TCC pode ampliar sua visão e ajudá-lo a fazer coisas saudáveis, que às vezes fazemos de modo natural e inconsciente, de um jeito consciente e confiante regularmente.

Usando Métodos Cientificamente Comprovados

A eficácia da TCC para vários problemas psicológicos tem sido mais pesquisada que qualquer outra abordagem psicoterápica. A reputação da TCC como um tratamento altamente eficaz está crescendo. Diversos estudos revelam que essa terapia é mais eficaz que o uso isolado de medicação para os tratamentos da ansiedade e da depressão. Como resultado dessa pesquisa, métodos de tratamento mais curtos e intensos têm sido desenvolvidos para transtornos específicos, como pânico, ansiedade no convívio social ou preocupação extrema.

As pesquisas científicas sobre TCC continuam. Como resultado, mais descobertas são feitas sobre quais aspectos do tratamento são mais bem apropriados para diferentes tipos de pessoas, e quais intervenções terapêuticas funcionam melhor para diferentes tipos de problemas.

Pesquisas apontam que as pessoas que usam a TCC para vários tipos de problemas — em particular, para ansiedade e depressão — permanecem bem por mais tempo. Isso significa que as pessoas adeptas da TCC têm recaídas com menos frequência do que as que optam por outras formas de psicoterapia, ou apenas fazem uso de medicação. Esse resultado positivo é obtido em parte por conta dos *aspectos educativos* da TCC — as pessoas que fazem essa terapia recebem uma boa quantidade de informações que podem ser usadas a fim de que se tornem seus próprios terapeutas.

A popularidade da TCC está aumentando. Mais e mais médicos e psiquiatras a indicam a seus pacientes no intuito de ajudá-los a superar uma ampla gama de problemas com resultados positivos. Esses problemas incluem:

- Dependência de substâncias.
- Dificuldade no controle da raiva.

- » Ansiedade.
- » Transtorno Dismórfico Corporal.
- » Síndrome da fadiga crônica.
- » Dor crônica.
- » Depressão.
- » Transtornos alimentares.
- » Transtorno Obsessivo Compulsivo.
- » Síndrome do pânico.
- » Transtornos de personalidade.
- » Fobias.
- » Transtorno de Estresse Pós-traumático.
- » Transtornos psicóticos.
- » Problemas de relacionamento.
- » Fobia social.

Entendendo a TCC

A Terapia Cognitivo-comportamental é uma vertente da psicoterapia cujo objetivo é ajudar pessoas a superar seus problemas emocionais.

- » **Cognitivo** significa processos mentais, como o pensamento. A palavra "cognitivo" refere-se a tudo o que se passa em sua mente, como sonhos, lembranças, imagens, pensamentos e atenção.
- » **Comportamental** refere-se a tudo o que você faz. Isso inclui o que você diz, como tenta resolver seus problemas, como age, como evita certas situações etc. Comportamental diz respeito tanto à ação quanto à falta dela. Por exemplo, quando você se cala ao invés de

> dizer o que pensa, isso também é um comportamento, mesmo que esteja tentando *não* fazer algo.
>
> » **Terapia** é a palavra usada para descrever uma abordagem sistemática para combater um problema, doença ou condição irregular.

O conceito central da TCC é que *você sente o que pensa*. Então, a TCC trabalha de acordo com o princípio de que você pode viver de forma mais feliz e produtiva se pensar de modo saudável. Esse princípio é uma maneira muito simples de resumir a TCC, e temos muitos outros detalhes para compartilhar com você no decorrer do livro.

Avançando dos problemas para as metas

Um das principais características da TCC é que ela fornece as ferramentas necessárias para você desenvolver uma abordagem *centrada em suas dificuldades*. O objetivo da TCC é ajudar a se livrar de determinados problemas emocionais e comportamentais, e avançar em direção às suas metas, como você gostaria de se sentir e se comportar. Desse modo, a TCC é uma abordagem direcionada, sistemática e eficiente na solução de problemas emocionais.

Fazendo a Conexão entre Pensamento e Sentimento

Como muitas pessoas, talvez você presuma que, se algo lhe acontece, esse evento *faz* você se sentir de determinada maneira. Por exemplo, se sua parceira o trata sem consideração, talvez você conclua que ela o *deixa* com raiva. Mais tarde, talvez deduza que o comportamento dela, ao lhe tratar sem consideração, *faz* com que você se comporte de uma forma particular, como ficar de mau humor ou se recusar a falar com ela por horas. (Provavelmente, até dias; as pessoas podem permanecer de mau humor por muito tempo!) Ilustramos essa relação causal comum (mas incorreta) com a fórmula a seguir. Nesta equação, o "A" significa um acontecimento real ou atual — como uma rejeição ou a perda do emprego. Refere-se a um evento de *ativação*, que pode ter ou não acontecido. Pode ser uma previsão do futuro, como "vou ser demitido", ou uma memória de uma rejeição passada, como "Hilary vai me deixar, assim como Judith fez dez anos atrás!" O "C" significa *consequência*, que se refere à maneira como você se sente e se comporta em resposta ao evento de ativação.

A (evento atual ou de ativação) = C (consequências emocionais e comportamentais)

A TCC encoraja-o a entender que seus pensamentos e suas *crenças* estão entre o evento ocorrido e seus sentimentos ou ações posteriores. Seus pensamentos, crenças e os significados que você dá a um evento produzem suas respostas emocionais e comportamentais.

Então, nos termos da TCC, sua parceira não *fez* você ficar furioso e mal-humorado. Em vez disso, sua parceira se comporta sem consideração, e você atribui um significado ao comportamento dela como "Ela faz isso só para me irritar e ela não deveria fazer isso!" e, assim, você acaba ficando furioso e mal-humorado. Na fórmula a seguir, o "B" significa as crenças e os significados que você atribui ao evento.

A (evento atual ou de ativação) + B (crenças e significados sobre o evento) = C (consequências emocionais e comportamentais)

Essa é a fórmula ou equação que a TCC usa para compreender seus problemas emocionais.

Enfatizando os significados que você atribui aos eventos

O *significado* que você atribui a qualquer tipo de acontecimento influencia as respostas emocionais que tem àquele episódio. Eventos positivos normalmente levam a sentimentos de felicidade e empolgação, enquanto que eventos negativos levam a sentimentos como tristeza e ansiedade.

CAPÍTULO 1 **Você Sente da Forma Como Pensa**

No entanto, os significados que você atribui a certos tipos de eventos negativos podem não ser totalmente precisos, reais ou úteis. Às vezes, sua forma de pensar o leva a atribuir significados extremos a eventos, fazendo com que você se sinta perturbado.

Por exemplo, se uma namorada em potencial lhe rejeita após o primeiro encontro (evento), você pode pensar "Isso comprova que não sou desejável e atraente" (significado) e se sentir deprimido (emoção).

A TCC envolve identificação de pensamentos, crenças e significados que são ativados quando você está se sentindo emocionalmente perturbado. Se você atribui significados menos radicais, mais úteis e mais precisos a eventos negativos, provavelmente vivenciará respostas emocionais e comportamentais menos perturbadores.

Assim, ao ser rejeitado depois do primeiro encontro (evento), você pode pensar "Acho que a pessoa não gostou muito de mim; ora — ela não é a pessoa certa para mim" (significado) e se sentir desapontado (emoção).

DICA

Você pode se ajudar a descobrir se os significados que vem atribuindo a eventos negativos específicos estão lhe causando perturbação; para isso, responda às seguintes perguntas:

» O significado que estou atribuindo a este evento é injustificadamente extremo? Estou pegando um evento bastante simples e tirando conclusões bastante drásticas sobre mim (ou outras pessoas e/ou o futuro)?

» Estou tirando conclusões generalizadas para este evento singular? Estou decidindo que este único evento me define totalmente? Ou que esta situação específica indica o curso de meu futuro inteiro?

» O significado que estou atribuindo a este evento está excessivamente contra mim? Esse significado me leva a sentir melhor ou pior com relação à mim mesmo? Ele está me impulsionando para uma ação orientada a um objetivo ou me levando a desistir e sentir derrotada?

Se a maioria de suas respostas para essas perguntas for "sim", provavelmente você está se perturbando desnecessariamente sobre um evento negativo. A situação pode até ser negativa — mas seu pensamento a está tornando pior.

Agindo

As maneiras como você pensa e se sente têm grande influência sobre o modo como *age*. Se está se sentindo deprimido, provavelmente você irá se retrair e isolar. Se está ansioso, pode evitar situações que acredita serem ameaçadoras ou assustadoras. Seu comportamento pode ser problemático para você mesmo de diversas maneiras, como as apresentadas a seguir:

» **Comportamentos autodestrutivos**, como beber em excesso ou usar drogas para diminuir a ansiedade, podem causar prejuízos físicos diretos.

» **Comportamentos depressivos e de isolamento**, como ficar na cama o dia inteiro ou se afastar dos amigos, aumentam seu senso de isolamento e mantêm seu humor para baixo.

» **Comportamentos evasivos**, como evitar situações que você julga ameaçadoras (participar do meio social, usar um elevador, falar em público), privam-no da oportunidade de confrontar e superar seus medos.

Aprendendo o ABC

Quando você começa a entender suas dificuldades emocionais, a TCC o encoraja a desmembrar um problema específico usando a *fórmula ABC*, em que:

ALERTA DE JARGÃO

» A é o evento de ativação. Um evento ativador significa um evento *externo* real ocorrido, um evento futuro que você acha que vai acontecer ou um evento *interno* de sua cabeça, como uma imagem, memória ou sonho.

O "A" é frequentemente referido como seu "gatilho".

» B são as suas crenças. Elas incluem seus pensamentos, suas regras pessoais, as cobranças que você faz (sobre si mesmo, o mundo e as outras pessoas), e os significados que atribui a eventos internos e externos.

» C são as consequências. Elas incluem suas emoções, comportamentos e sensações físicas que acompanham emoções diferentes.

Escrever seu problema em uma fórmula ABC — uma técnica central da TCC — ajuda a diferenciar seus pensamentos, sentimentos e comportamentos, e o evento *gatilho*.

Você pode usar esses exemplos como guias quando estiver preenchendo o formulário ABC com seus problemas. Isso o irá auxiliar a ter certeza de que recorda os fatos relacionados ao evento em "A", seus pensamentos em "B" e como você estava se sentindo e agindo em "C". Ao desenvolver um ABC claro de seu problema, será muito mais fácil perceber o quanto seus pensamentos em "B" influenciaram sua resposta emocional e comportamental em "C".

> **NESTE CAPÍTULO**
> » Identificando as principais armadilhas do pensamento
> » Corrigindo seu pensamento
> » Conhecendo as principais distorções que você comete nos pensamentos

Capítulo 2
Encontrando Distorções em Seu Pensamento

Provavelmente você não passa muito tempo refletindo sobre os prós e contras de sua maneira de pensar. Muitas pessoas não fazem isso — mas, francamente, a maioria deveria!

Uma das mensagens principais da TCC é a de que os pensamentos, as atitudes e as crenças que você guarda têm um enorme efeito em sua forma de interpretar o mundo que o cerca e na maneira como se sente. Desse modo, se você está se sentindo muito mal, são maiores as chances de estar pensando de forma negativa — ou, ao menos, de modo prejudicial. Claro que você provavelmente não tem a *intenção* de pensar nocivamente e, sem dúvida, não tem noção de que está agindo assim.

Pensamentos disfuncionais são deslizes da mente que todo mundo tem de vez em quando. Assim como um vírus compromete o fluxo de informações no seu computador, os pensamentos distorcidos impedem que você faça uma avaliação exata de suas experiências. Os pensamentos disfuncionais o impelem a tomar caminhos menos adequados, tirar conclusões precipitadas e supor o pior. Os pensamentos disfuncionais atrapalham ou provocam distorções nos fatos. No entanto, você tem a capacidade de parar e reavaliar a maneira como tem pensado, e se realinhar.

Errar é definitivamente humano. Ou, como disse o psicoterapeuta norte-americano Albert Ellis: "Se os marcianos descobrissem a maneira de pensar dos seres humanos, morreriam de rir." Ao entender as distorções de pensamento que descrevemos neste capítulo, você poderá identificar seus pensamentos nocivos e os corrigir mais rapidamente.

Não Faça Tempestade em Copo D'água

Catastrofização é fazer um pequeno aspecto negativo assumir proporções bem maiores e imaginar todos os tipos de resultados desastrosos que podem advir desse episódio.

Considere os seguintes exemplos de catastrofização:

» Você está em uma festa e acidentalmente tromba com um arranjo de flores. Depois de sair do meio da folhagem, corre para casa e conclui que todo mundo que estava presente na festa testemunhou seu pequeno ato de desatenção e riu à sua custa.

» Você está esperando sua filha adolescente voltar para casa depois de uma ida ao cinema com amigos. O relógio marca 22h, e você não ouve o tilintar tranquilizador da chave dela na porta. Às 22h05, começa a imaginar que ela aceitou a carona de um amigo que dirige perigosamente. Às 22h10, você está convencida de que sua filha sofreu um acidente de carro e que está sendo atendida por paramédicos no local do acidente. Às 22h15, já está chorando sobre a sepultura dela.

> Seu novo parceiro recusa um convite para jantar com seus pais. Antes de dar a ele a chance de explicar suas razões, você desliga o telefone e decide que esse é o jeito dele de dizer que o relacionamento de vocês está acabado. Além disso, agora você o imagina ligando para os amigos para contar a eles que foi um erro namorar você. Você decide que nunca mais encontrará outra pessoa e que morrerá velha e sozinha.

A catastrofização leva a pessoa a confundir uma gafe com uma tragédia social; ou seja, um pequeno atraso vira um acidente de carro, e um pequeno desentendimento transforma-se em uma total rejeição.

Corte o mal da catastrofização pela raiz reconhecendo sua natureza — apenas pensamentos. Quando você se flagrar imaginando o pior cenário possível, tente as seguintes estratégias:

> **Coloque seus pensamentos em perspectiva**. Mesmo que todo mundo tenha visto que você esbarrou no arranjo de flores na festa, tem certeza de que ninguém foi compreensivo? Com certeza você não foi a única pessoa no mundo a esbarrar em um arranjo de flores em público.

> **Considere explicações menos aterrorizantes.** Que outras razões podem existir para justificar o atraso de sua filha? Chegar um pouco atrasada não faz parte do mundo adolescente? Talvez o filme tenha sido longo demais ou ela tenha perdido a noção do tempo batendo papo. Não se deixe absorver por emoções tão extremas, pois acabará assustando sua filha, que já está na porta pedindo desculpa por ter perdido o ônibus.

> **Avalie as evidências.** Você tem informações suficientes para concluir que seu parceiro quer deixá-la? Ele já deu alguma razão para que você pense isso? Procure alguma evidência que contradiga sua suposição catastrófica. Por exemplo, vocês tiveram mais momentos felizes do que o contrário?

» **Mantenha o foco naquilo que você pode fazer para lidar com a situação e nas pessoas e recursos que a podem auxiliar.** Participar de mais reuniões sociais pode fazer com que você esqueça sua gafe. Você pode revigorar seu relacionamento — ou iniciar um novo. Mesmo um machucado causado por um acidente pode ser curado com tratamento médico.

Tudo ou Nada: Encontre um Meio-termo para Esse Pensamento

O tipo de distorção cognitiva chamada de polarização ou pensamento dicotômico, também conhecido como *tudo ou nada* ou *branco ou preto*, é um pensamento radical que ocasiona emoções e comportamentos extremos. As pessoas podem amá-lo ou odiá-lo, certo? Algo pode ser perfeito ou um desastre. Você só pode ser inocente ou totalmente culpado? Parece lógico? Esperamos que não!

DICA

Considere um mísero termômetro como sendo seu guia para superar a tendência de pensar em tudo ou nada. O termômetro faz a leitura de graus de temperatura, e não apenas "quente" e "frio". Pense como um termômetro — em graus, não em extremos. Você pode usar os seguintes indicadores para o auxiliar a mudar sua maneira de pensar:

» **Seja realista**. É impossível passar pela vida sem cometer erros. Um doce não arruinará seu regime. Lembre-se de sua meta, perdoe a si mesmo pelo pequeno deslize e retome seu plano.

» **Desenvolva um pensamento "tanto-quanto".** Uma alternativa para o pensamento tudo ou nada é ter a capacidade de ser razoável. Você precisa permitir mentalmente que duas possibilidades que parecem opostas existam ao mesmo tempo. Você pode ser bem-sucedido em suas metas acadêmicas mesmo que falhe em uma prova ou outra. A vida não pode ser dividida entre sucesso e derrota. Você pode *tanto* pensar ser uma boa pessoa *quanto* se esforçar para mudar o que achar necessário.

LEMBRE-SE

O pensamento de tudo ou nada pode sabotar o comportamento focado na meta. É mais provável que haja desistência no primeiro sinal de dificuldade quando você não permite uma mínima margem de erro. Esteja atento a afirmações como "um ou outro" e a rótulos gerais, como "bom" e "mau" ou "sucesso" e "derrota". Nem as pessoas e nem a vida são belas e perfeitas o tempo todo.

Fique Longe da Bola de Cristal

Com frequência, nossos clientes contam que um evento que os deixava ansiosos ocorreu muito melhor do que imaginavam. As previsões são o problema aqui. Você provavelmente não possui uma percepção extrassensorial que lhe permita ver o futuro. Provavelmente, não pode ver o futuro nem mesmo com a ajuda de uma bola de cristal. E, ainda assim, você tenta prever o que acontecerá. Infelizmente, as previsões que faz podem ser negativas:

» Você tem estado um pouco deprimido ultimamente e não se diverte mais como antes. Alguém do seu trabalho o convida para ir a uma festa, mas você decide que, se for, não se divertirá. A comida será ruim, a música será desagradável e os outros convidados acharão você um chato. Então, você opta por não ir e fica decepcionado com sua vida social.

» Você gosta daquele cara que vende seu café todas as manhãs a caminho do escritório, e gostaria de sair com ele. Você prevê que, se o convidasse para sair, se sentiria tão ansiosa que acabaria dizendo alguma bobagem. De qualquer modo, é provável que ele recuse — alguém interessante como ele já deve estar comprometido.

CAPÍTULO 2 **Encontrando Distorções em Seu Pensamento** 23

» Você sempre pensou que voar de asa delta seria divertido, mas acaba ficando ansioso demais. Se experimentar o esporte, tem certeza de que não terá coragem na última hora e acabará perdendo tempo e dinheiro.

DICA

É melhor que você deixe o futuro continuar sendo um mistério do que tentar adivinhar o que está por vir. Cubra a bola de cristal, coloque sua tábua ouija à venda, abandone as cartas de tarô e tente as seguintes estratégias:

» **Teste suas previsões.** Você nunca pode realmente saber o quanto uma festa é divertida até que vá a uma — e a comida pode ser maravilhosa. Talvez o cara da cafeteria tenha namorada, mas você não saberá se não perguntar.

» **Esteja preparado para aceitar riscos.** Não vale a pena perder um pouco de dinheiro para experimentar um esporte pelo qual sempre esteve interessado? Você não pode aguentar a sensação de ficar nervoso ao tentar conhecer alguém de quem realmente gosta? Há um ditado que diz: "Um navio está a salvo no porto, mas não foi para isso que ele foi feito." Aprender a experimentar e correr riscos calculados é a receita para manter a vida interessante.

» **Entenda que suas experiências passadas não determinam as futuras.** Só porque na última festa à qual você foi tudo deu errado, a pessoa que você convidou para sair acabou lhe deixando na mão e aquela aventura de mergulhador resultou em um caso grave de dor nas costas, isso não significa que você nunca mais terá sorte na vida.

Leitura Mental: Acredite nos Seus Palpites com Moderação

Então, você acha que consegue saber o que as outras pessoas estão pensando? Quando *lemos os pensamentos* alheios, a tendência é presumir que elas estão pensando coisas negativas ao nosso respeito, ou que elas têm motivos e intenções ruins.

Você nunca pode saber ao certo o que outra pessoa está pensando, então precisa ser sábio o bastante para ignorar as suposições infundadas. Pare e analise as evidências que existem no momento. Controle sua tendência de ler a mente alheia seguindo os seguintes conselhos:

- » **Elabore algumas razões alternativas para o que você está vendo.** A pessoa com quem você está falando pode estar cansada ou preocupada com os próprios problemas, ou ainda ter avistado algum conhecido.

- » **Considere que suas suposições podem estar erradas.** Seu medo realmente se refere aos motivos do seu chefe ou à sua insegurança com relação às suas reais habilidades no trabalho? Você tem informação suficiente ou evidência concreta para concluir que seu chefe pensa que seu trabalho está abaixo do padrão desejado? Parece lógico crer que "tirar uns dias de folga" significa "você está sendo demitido"?

- » **Informe-se (se for apropriado).** Pergunte a seu vizinho se os uivos do seu cão atrapalharam o sono dele e pense em algumas maneiras de fazer com que seu cão fique quieto na próxima lua cheia.

Sentimentos Não São Fatos

Certamente estamos errados sobre isso. Com certeza seus sentimentos são fortes evidências sobre como as coisas são. Na verdade, não! Com frequência, confiar cegamente nos seus sentimentos como guias pode conduzi-lo para fora da realidade. Observe os exemplos abaixo:

» Sua parceira tem trabalhado até tarde no escritório junto com um colega de trabalho. Você sente ciúmes e suspeita de traição. Com base nesses sentimentos, conclui que sua companheira está tendo um caso com o colega dela.

» Sem nenhum motivo especial, você se sente culpado. Por isso, conclui que deve ter feito algo de errado; caso contrário, não estaria se sentindo assim.

» Você acorda se sentindo ansioso, com um sensação de insegurança. Presume que deve haver algo de muito errado em sua vida e procura em sua mente pela fonte do seu desconforto.

Com frequência, seus sentimentos se devem simplesmente a um pensamento ou memória de que você nem sempre tem consciência. Outras vezes, podem ser sintomas de outros distúrbios, como depressão ou ansiedade. Algumas das emoções que você vivencia acordado são remanescentes de sonhos que você pode ou não lembrar. Como regra de ouro, vale a pena ser um pouco cético sobre a validade de seus sentimentos à primeira vista. Eles podem ser ilusórios.

Hipergeneralização: Evitando o Erro de Aceitar uma Parte Como o Todo

Hipergeneralização é o erro de tirar conclusões generalizadas de um ou mais eventos. Quando você se pega pensando nas palavras "sempre", "nunca", "as pessoas são..." ou "o mundo é...", você está generalizando.

Talvez você consiga reconhecer a generalização nos exemplos a seguir:

- » Você está se sentindo triste. Quando entra no carro para ir ao trabalho, ele não pega. Você pensa: "Coisas deste tipo estão sempre acontecendo comigo. Nada dá certo", o que faz com que fique muito mais deprimido.
- » Você facilmente se enfurece. Viajando para ir visitar um amigo, acaba se atrasando por causa de um passageiro que não consegue encontrar o dinheiro para pagar a passagem. Você pensa: "Isso é tão típico! As outras pessoas são tão burras", e fica tenso e furioso.
- » Você tem a tendência de se sentir culpado facilmente. Você grita com seu filho porque ele não entende a lição de casa e depois pensa que é um péssimo pai.

As situações raramente são tão definitivas ou extremas para merecer termos como "sempre" e "nunca". Em vez de generalizar, tente fazer o seguinte:

- » **Ganhe mais perspectiva**. Quanto há de verdade no pensamento de que *nada dá* certo para você? Quantas outras pessoas no mundo devem estar tendo problemas com seus carros neste exato momento?
- » **Pare de julgar.** Quando você julga que todo mundo é burro, incluindo a pobre criatura na fila do trem, torna-se irascível e menos apto a lidar efetivamente com um problema ínfimo.
- » **Seja específico.** Você seria um péssimo pai por completo só por perder a paciência com seu filho? Você pode concluir legitimamente que um único deslize paternal anula todas as coisas boas que fez para seu filho? Talvez sua impaciência seja apenas uma área sua a ser considerada como alvo de melhorias.

Desista do Jogo da Avaliação

Rotulação é o processo de estigmatizar pessoas e eventos, e acontece em qualquer lugar. Por exemplo, pessoas que têm baixa autoestima rotulam a si mesmas como "inúteis", "inferiores" ou "inadequadas".

Se você rotula as outras pessoas como "ruins" ou "inúteis", é provável que acabe se irritando com elas. Ou talvez você rotule o mundo como "inseguro" ou "totalmente injusto"? O erro aqui é que você está rotulando, de maneira generalizada, coisas que são complexas demais para ter um rótulo generalizado. Olhe os exemplos de rótulos:

- » Você lê um alarmante artigo no jornal falando sobre o aumento do crime em sua cidade. O artigo ativa sua crença de que você vive em um lugar completamente perigoso, o que contribui para que você se sinta ansioso quando pensa em sair de casa.
- » Você recebe uma nota baixa em um trabalho, fica deprimido e rotula a si mesmo como um fracasso.
- » Você fica furioso quando alguém corta sua frente no trânsito. Logo, rotula o outro como perdedor total ou como mau motorista.

Lute para evitar rotular a si mesmo, os outros e o mundo que o cerca. Aceite que eles são complexos e que mudam a todo momento. Reconheça as evidências que não se enquadram nos seus rótulos, para ajudar a enfraquecer sua convicção na classificação geral. Por exemplo:

- » **Permita-se variar os graus de intensidade.** Pense nisso: o mundo não é um lugar perigoso, mas sim um lugar que apresenta muitos aspectos com variados graus de segurança e risco.
- » **Comemore a complexidade.** Todos os seres humanos — incluindo você — são únicos, multifacetados e em constante mudança. Rotular a si mesmo como um fracasso por causa de uma única falha

é uma maneira extrema de generalizar. Do mesmo modo, as outras pessoas são tão únicas e complexas quanto você. Uma má ação não é a mesma coisa que ser uma pessoa má.

Pense de Forma Mais Flexível

Albert Ellis, fundador da terapia racional-emotiva comportamental, um dos primeiros terapeutas cognitivo-comportamentais, cita as cobranças como o centro dos problemas emocionais. Pensamentos e crenças que contêm palavras como "devo", "deveria", "preciso", "é necessário" ou "tenho que" são frequentemente imperativos problemáticos, porque são extremos e muito rígidos.

A inflexibilidade das cobranças que impõe a si, ao mundo que o cerca e às outras pessoas, com frequência significa que você não se adapta à realidade tanto quanto poderia.

Manter *expectativas flexíveis* sobre si mesmo, outras pessoas e o mundo em geral é a alternativa mais saudável para regras rígidas e inflexíveis. Em vez de exigir demais de si mesmo, do mundo e dos outros, tente as técnicas a seguir:

» **Preste atenção nas palavras.** Substitua palavras como "devo", "preciso" e "deveria" por "prefiro", "desejo" e "quero".

» **Limite o número de aprovações que deseja.** Você consegue ter uma vida satisfatória mesmo que não consiga a aprovação de todos que deseja? Especificamente, você se sentirá mais confiante nas situações sociais se nutrir uma *expectativa realista* de aprovação, em vez de ver a aceitação como uma necessidade sufocante.

» **Entenda que o mundo não joga conforme suas regras.** Na verdade, as outras pessoas tendem a ter as próprias regras. Então, não importa o quanto você valorize um comportamento, seus amigos talvez não deem o mesmo valor que você.

> **Conserve seus padrões, ideais e preferências, e abandone as exigências rígidas sobre como você, os outros e o mundo "deveriam" ser.** Continue agindo de acordo com o modo como você *gostaria* que as coisas fossem em vez de ficar deprimido e furioso quando elas não são como você acredita que elas *deveriam* ser.

Mantenha Sua Mente Aberta

O *filtro mental*, tecnicamente conhecido como abstração seletiva, é sua propensão para processar informações de modo que aceite apenas o que se enquadra em suas expectativas. O processo é bem parecido com o que ocorre em uma máquina fotográfica, quando a lente deixa entrar apenas alguns tipos de luzes. A informação que não se encaixa tende a ser ignorada. Se você age conforme qualquer um dos exemplos abaixo, está cometendo a distorção de pensamento do filtro mental:

> Acredita que é um fracasso, então tende a focar os erros no trabalho e menosprezar seu sucesso e suas conquistas. No final da semana, você geralmente se sente desapontado com a falta de realizações — mas isso provavelmente se deve ao fato de não prestar atenção a seus sucessos.

> Acredita não ser valorizado, e *realmente* percebe isso cada vez que um amigo demora para retornar seu telefonema ou parece ocupado para o atender. Você tende a esquecer a maneira afetuosa com que as pessoas o tratam, o que sustenta sua ideia de que não está sendo valorizado.

Para combater o filtro mental, observe mais de perto as situações que o afligem. Procure evidências que contradizem seus pensamentos negativos e que o podem ajudar a corrigir sua propensão de processar informações. Experimente o seguinte:

- » **Examine seus filtros de perto**. Por exemplo, você está filtrando suas realizações através do pensamento "Eu sou um fracasso"? Se a resposta é afirmativa, então apenas as informações relacionadas ao fracasso estão passando. Se olhar para as realizações de um amigo ao longo da mesma semana, sem um filtro, você provavelmente verá ele tendo muito mais realizações. Então, deixe o filtro de lado ao avaliar a si mesmo, da mesma maneira que faz quando analisa as realizações de seu amigo.

- » **Reúna evidências**. Imagine que está coletando evidências para um julgamento e que deve provar que o seu pensamento negativo não é real. Que evidência você buscará? Por exemplo, será que você consegue convencer o júri de que não é uma pessoa valorizada quando as evidências dizem que seus amigos o tratam de forma afetuosa?

Separando o Joio do Trigo

A desqualificação do positivo, ou minimização, está relacionada à maneira tendenciosa como as pessoas processam informações. Desqualificar o positivo é um mecanismo mental que transforma um evento positivo em neutro ou negativo.

Abaixo estão alguns exemplos de desqualificação do positivo:

- » Você acredita que não tem valor algum e que é incapaz de ser apreciado pelos outros. Responde a uma promoção no trabalho pensando: "Isso não conta, porque qualquer um a conseguiria." Resultado, ao invés de se sentir feliz, você acaba se sentindo desapontado.

- » Você pensa que é patético e se sente deprimido. Uma amiga diz que é um ótimo amigo, mas você desqualifica o elogio pensando: "Ela só disse isso porque tem pena de mim. Eu realmente sou patético."

Aprimore suas habilidades aceitando elogios e reconhecendo seus pontos fortes.

Você Pode Suportar o "Insuportável"

A baixa tolerância à frustração refere-se ao erro de supor que, quando uma coisa parece difícil de ser tolerada, ela é intolerável. Esse modo de pensar significa aumentar o desconforto, e não suportar desconforto temporário em função do seu interesse em algo que almeja.

Abaixo há alguns exemplos de baixa tolerância à frustração:

> » Com frequência você adia os trabalhos acadêmicos, pensando: "Dará muito trabalho. Farei quando eu estiver com vontade." Tende a deixar para fazer o trabalho quase no fim do prazo, quando não é mais possível o adiar. Infelizmente, esperar até o último momento significa que você raramente se esforça tanto quanto poderia no seu curso/trabalho para atingir todo o seu potencial.
>
> » Você quer superar sua ansiedade de viajar para longe de casa enfrentando diretamente seu medo. E, ainda assim, cada vez que tenta viajar para longe de trem, você fica ansioso e pensa "Isso é horrível, não posso suportar", e rapidamente retorna para casa, o que reforça mais o seu medo, em vez de o ajudar a vivenciar uma experiência menos ameaçadora.

A melhor maneira para superar a baixa tolerância à frustração é buscar uma atitude alternativa de *alta tolerância à frustração*. Você pode conquistar esse modo de pensar seguindo os seguintes conselhos:

> » **Você pode incentivar a si mesmo a fazer coisas desconfortáveis ou desagradáveis.** Por exemplo, pode treinar a si mesmo para fazer trabalhos mesmo quando não está com vontade, porque o resultado de terminar o serviço com antecedência, e cuidado, se sobrepõe ao desinteresse em fazer algo que acha entediante.

» **Mande mensagens a si mesmo para enfatizar sua habilidade de resistir à dor**. Para combater o medo de viajar, você pode relembrar que o sentimento de ansiedade é realmente desagradável, mas que você o *pode* suportar. Pergunte a si mesmo se, no passado, alguma vez resistiu aos sentimentos que está dizendo "não poder suportar".

NESTE CAPÍTULO

» Identificando os pensamentos que servem de base para suas emoções

» Questionando pensamentos negativos e criando alternativas

» Usando o modelo ABC de autoajuda para lidar com suas emoções

Capítulo 3

Combatendo Pensamentos Nocivos

Em sua jornada para se tornar seu próprio terapeuta de TCC, uma das técnicas-chave usadas é uma ferramenta conhecida como *Modelo ABC*, que fornece uma estrutura para identificar, questionar e substituir pensamentos nocivos usando papel e caneta.

Terapeutas de TCC às vezes usam ferramentas semelhantes ao modelo ABC que apresentamos neste capítulo. Todas essas ferramentas auxiliam os pacientes na identificação e substituição de pensamentos negativos. Diferentes terapeutas podem se referir a esse modelo como *registros de pensamentos*, *diário de pensamentos*, *registros diários de pensamentos disfuncionais* ou *registros de pensamentos disfuncionais (RPD)*. Não tenha medo — em geral, todos esses modelos nada mais são do que modos diferentes de dizer basicamente a mesma coisa: sua forma de pensar causa impacto nos seus sentimentos e ações.

Capturando os PANs

Utilizar o modelo ABC é relativamente fácil se dividir o processo em dois passos. O primeiro passo é preencher as três primeiras colunas (evento de A = *Ativação*, B = *Crenças e pensamentos*, C = *Consequências*) do modelo, que você encontra neste capítulo (Modelo ABC I). Isso dá a chance de você listar seus *Pensamentos Automáticos Negativos* (PANs) no papel e ver qual é a conexão existente entre pensamentos e emoções.

Conectando pensamento e sentimento

Um passo crucial da TCC é fazer a conexão entre pensamento e sentimento, ou a conexão B — C; ou seja, tente perceber claramente, por si mesmo, o que se passa em sua mente e quais os pensamentos resultantes. Ver essa conexão o ajudará a entender melhor por que deve desafiar e mudar seus pensamentos.

Sendo objetivo com seus pensamentos

Uma das maiores vantagens de anotar seus pensamentos é que o processo pode ajudá-lo a encarar seus pensamentos como simples palpites, teorias e ideias — em vez de considerá-los fatos absolutos.

Primeiro Passo do Formulário ABC I

Então, é hora de iniciar essa importante técnica de autoajuda da TCC usando a Figura 3-1. O processo básico para completar o modelo ABC é o seguinte:

1. Na caixa "Consequências", ponto 1, escreva a emoção que você está sentindo.

A terapia ajuda a se tornar emocionalmente mais saudável e a agir de maneira mais decidida e produtiva. Então, ao preencher o modelo ABC, o lugar mais importante para começar é a emoção que está sentindo.

LEMBRE-SE

No modelo de emoção ABC, as emoções e o comportamento são *consequências* (C) da interação entre o evento de *ativação*, ou *gatilho* (A), e as *crenças*, ou *significados* (B).

Os exemplos de emoções que você pode escolher listar na caixa das "Consequências" incluem:

- Raiva.
- Ansiedade.
- Depressão.
- Inveja.
- Culpa.
- Mágoa.
- Ciúme.
- Vergonha.

LEMBRE-SE

Preencha o modelo ABC quando estiver se sentindo angustiado, quando perceber que tem agido de maneira que não lhe agrada e achar que deve mudar.

2. **Na caixa "Consequências", ponto 2, anote o modo como você agiu.**

   Descreva como seu comportamento mudou quando experimentou o sentimento desagradável. Abaixo, alguns exemplos dos comportamentos que as pessoas costumam identificar em situações como essa:

   - Evitam alguma coisa.
   - Retraem-se, isolam-se ou ficam inertes.
   - Ficam agressivas.
   - Comem em excesso ou diminuem o consumo de alimentos.
   - Fogem da situação.
   - Desistem e/ou adiam alguma coisa (procrastinação).
   - Procuram autoafirmação.
   - Usam álcool ou drogas.
   - Usam comportamentos de segurança, como apoiar-se em alguma coisa quando acha que vai desmaiar.

3. **Na caixa "Evento de Ativação", escreva o que acionou os seus sentimentos.**

   Como discutimos no Capítulo 1, o A no ABC significa *evento de ativação*, ou *gatilho*, que representa fatores que acionam os pensamentos e sentimentos nocivos. Os eventos de ativação ou gatilhos a serem inseridos nessa caixa podem incluir:

   - Algo que está acontecendo agora.
   - Algo que ocorreu no passado.
   - Algo que você está antecipando que acontecerá no futuro.
   - Algo do mundo externo (um objeto, um lugar, uma pessoa).

- Alguma coisa na sua mente (uma imagem ou lembrança).
- Uma sensação física (aceleração dos batimentos cardíacos, dor de cabeça, cansaço).
- Suas próprias emoções ou comportamento.

Um evento de ativação pode ser qualquer coisa. Use seus sentimentos — em vez do seu pensamento sobre a importância do evento — como guia para saber quando precisa elaborar um modelo.

DICA

Para manter seu modelo ABC breve e preciso, mantenha o foco no aspecto específico do evento de ativação que está fazendo com que se sinta angustiado. Caso esteja inseguro sobre o que pode estar provocando seus pensamentos e sentimentos.

4. Na caixa das "Crenças", escreva seus pensamentos, atitudes e crenças.

Descreva o que o episódio (que você colocou na caixa "Evento de Ativação") significou para você quando sentiu a emoção (que você colocou no Item 1 da caixa "Consequências").

Os pensamentos, atitudes e crenças que você coloca na caixa das "Crenças" geralmente surgem por reflexo. Eles podem ser extremados, distorcidos e nocivos — mas podem *parecer* fatos para você. Alguns exemplos desses PANs incluem:

- Lá vou eu de novo provar que sou um inútil!
- Eu deveria ter percebido antes!
- Agora todo mundo sabe o idiota que eu sou!
- Isso comprova que eu não posso superar, como todo mundo faz!

São os pensamentos que contam, então se imagine como um detetive e descubra onde estão os pensamentos suspeitos que devem ser capturados. Se seus pensamentos tomaram a forma de uma imagem, descreva essa imagem ou o que ela significa para você — escreva isso tudo na caixa das "Crenças".

CAPÍTULO 3 **Combatendo Pensamentos Nocivos**

5. Na caixa "Erro de Pensamento", considere que erro de pensamento poderia ser.

Uma das principais maneiras de se tornar mais objetivo sobre os seus pensamentos é identificar as *distorções cognitivas* que podem estar representadas nos pensamentos que você insere na caixa.

As perguntas que deve se fazer para identificar distorções cognitivas são as seguintes:

- Estou tirando a pior conclusão possível? (Catastrofização)
- Estou pensando de maneira dicotômica e extrema — tudo ou nada? (Pensamento Preto e Branco, ou 8 ou 80)
- Estou usando as palavras "sempre" e "nunca" para generalizar as conclusões sobre um evento específico? (Hipergeneralização)
- Estou prevendo o futuro em vez de esperar para ver o que vai acontecer? (Adivinhação)
- Estou tirando conclusões precipitadas sobre o que os outros estão pensando sobre mim? (Leitura mental)
- Estou focando os aspectos negativos e menosprezando os positivos? (Filtro mental)
- Estou ignorando os aspectos positivos ou transformando-os em negativos? (Desqualificação do positivo)
- Estou rotulando a mim mesmo como fracassado, descartável ou inútil? (Rotulação)
- Estou dando ouvidos demais a meus sentimentos negativos em vez de analisar os fatos? (Raciocínio emocional)
- Estou encarando um evento ou o comportamento de alguém de forma muito pessoal ou me culpando e menosprezando os fatos? (Personalização)

- Estou usando palavras como "deveria", "devo" ou "preciso" para criar regras rígidas sobre mim mesmo, o mundo e os outros? (Cobranças)
- Estou dizendo a mim mesmo que algo é muito difícil ou insuportável, ou ainda "Não posso suportar" quando, na verdade, é difícil de suportar, mas é tolerável e vale a pena ser tolerado? (Baixa tolerância à frustração).

6. Examine seus pensamentos negativos mais de perto.

Faça a si mesmo as seguintes perguntas para examinar e enfraquecer seus pensamentos nocivos:

- Posso provar que meus pensamentos são 100% verdadeiros?
- Quais são os efeitos de pensar dessa maneira?
- Meu pensamento é totalmente lógico ou sensível?
- As pessoas cujas opiniões eu respeito concordariam que meus pensamentos correspondem à realidade?
- Que evidência existe contra este pensamento?
- O meu pensamento é equilibrado ou extremo?
- O meu pensamento é rígido ou flexível?
- Estou pensando de forma objetiva e realista, ou meus pensamentos são afetados pelo modo como me sinto?

DICA

Avalie longa e analiticamente seus pensamentos negativos e nocivos à luz das perguntas anteriores. Não responda simplesmente "sim" ou "não". Em vez disso, pondere bastante antes de responder, e talvez seja interessante anotar seus desafios em relação aos pensamentos nocivos da coluna D.

CAPÍTULO 3 **Combatendo Pensamentos Nocivos**

7. Crie alternativas para cada um dos pensamentos, atitudes e crenças nocivas.

Este passo é crítico, pois são seus pensamentos alternativos que o irão ajudar a se sentir melhor! Na coluna D, escreva uma alternativa flexível, não extremada, realista e útil para cada pensamento, atitude ou crença que aparece na coluna B. As próximas perguntas o irão auxiliar a criar algumas alternativas:

- Qual é a melhor maneira de se analisar a situação?
- Encorajo meus amigos a pensarem desta forma?
- Quando estou me sentindo bem, penso de modo diferente?
- Há experiências passadas que me indicam que existe um resultado diferente?
- Qual é o jeito mais flexível ou menos extremado de pensar?
- Qual é o modo mais realista ou equilibrado de pensar, que leve em conta uma evidência que não apoia o meu jeito de pensar?
- O que eu preciso pensar para sentir e agir de forma diferente?

Alguns pensamentos são mais persistentes do que outros, e você não vai mudá-los de uma única vez. Brigar um pouquinho com os PANs por um tempo antes que eles cedam é normal e apropriado. Pense que você está *treinando* sua mente a pensar de modo mais flexível e construtivo durante um tempo.

8. Na coluna E, classifique os efeitos de suas alternativas com relação a seus sentimentos.

Classifique, de 0% a 100%, seu pensamento original. Anote também se você vivenciou alguma emoção alternativa mais saudável, como:

- Preocupação.
- Irritação.

- Tristeza.
- Remorso.
- Desapontamento.
- Arrependimento.

LEMBRE-SE

Nem sempre você perceberá uma grande mudança em sua maneira de sentir na primeira vez, por isso, não desista! Mudanças na forma de pensar e se comportar tendem a requerer respostas emocionais mais refinadas. Continue pensando e agindo de acordo com o modo como quer se sentir.

9. Desenvolva um plano de ação.

O último passo no Modelo ABC II é desenvolver um plano de ação. Seu plano pode ser conduzir um experimento comportamental para auxiliá-lo a reunir mais informação sobre se os seus pensamentos são realistas ou verdadeiros, ou para se comportar de modo diferente em uma situação específica.

10. Estabeleça lições de casa.

Depois de completar vários modelos ABC, você começará a perceber temas, pensamentos, atitudes e crenças recorrentes. Tais repetições podem sugerir que você precisa acrescentar outras técnicas da TCC para resolver certas questões emocionais e comportamentais, como, por exemplo:

- Enfrentar o medo até que ele diminua.
- Conduzir um experimento comportamental para testar um pensamento.
- Agir repetidamente "como se" você acreditasse em um pensamento, atitude ou crença alternativa.
- Completar um modelo em zigue-zague para reforçar seus pensamentos, atitudes e crenças alternativas.

CAPÍTULO 3 **Combatendo Pensamentos Nocivos** 43

Leia e estabeleça alguns testes terapêuticos usando os princípios da TCC encontrados neste livro.

DICA

Guardar seus antigos modelos ABC pode ser uma maneira recompensadora de relembrar seu progresso e um modo eficaz de lembrar como preencher um modelo, caso você precise fazer isso novamente no futuro. Muitos dos nossos clientes reveem seus antigos formulários depois se sentirem melhor e nos dizem: "Não acredito que eu costumava pensar assim!"

Crie Alternativas Construtivas: Preenchendo o Formulário ABC II

Quando se sentir mais seguro sobre como identificar os As, Bs, Cs e as distorções cognitivas, você pode seguir para o Modelo ABC II. Este segundo modelo vai ajudá-lo a questionar os pensamentos nocivos com o objetivo de reduzir a intensidade, criar e classificar os efeitos dos pensamentos alternativos e focar uma forma de agir diferente.

Os cinco primeiros passos para completar o Modelo ABC II são os mesmos que foram usados no Modelo ABC I. Em seguida, há mais cinco passos. No Modelo ABC II, na coluna A está o evento de ativação; na coluna B, as crenças; na coluna C, as consequências; na coluna D, a Discussão e na coluna E, o Efeito.

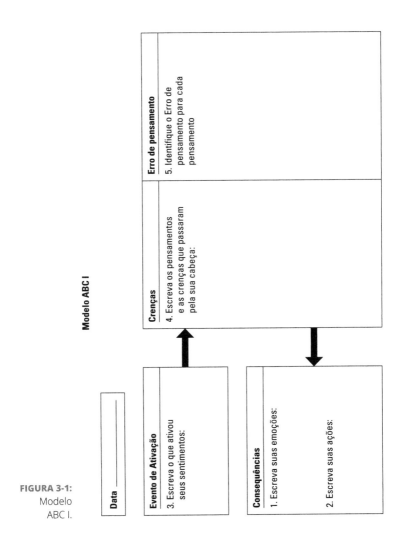

FIGURA 3-1: Modelo ABC I.

NESTE CAPÍTULO

» Testando seus pensamentos e suposições como predições
» Explorando teorias e reunindo informação
» Elaborando e registrando seus experimentos

Capítulo **4**

Experimentos Comportamentais

Com frequência, a TCC parece senso comum. Os *experimentos comportamentais* são particularmente bons exemplos disso. Se você quer saber se seu palpite sobre a realidade é preciso ou não, ou se seu jeito de analisar alguma coisa é produtivo, teste isso na realidade.

Vendo por Si Mesmo

Para comprovar uma teoria, nada melhor que a prática. O mesmo pode ser dito sobre suas suposições, comportamentos, crenças e predições sobre si mesmo e sobre o mundo que o cerca. Use os experimentos para testar a veracidade de suas crenças e para avaliar a *utilidade* do seu comportamento.

Você pode usar os experimentos comportamentais das seguintes formas:

> » Para testar a validade de um pensamento ou crença que você tem sobre si mesmo, outras pessoas ou o mundo.
>
> » Para testar a validade de uma crença ou pensamento alternativo.
>
> » Para reunir evidências no intuito de esclarecer a natureza de seu problema.

Viver de acordo com um conjunto de crenças que você acredita serem verdadeiras e úteis é muito fácil e habitual. É comum reproduzir um comportamento familiar porque você crê que ele lhe oferece proteção contra eventos atemorizantes, ou que ele o possa ajudar a alcançar algumas de suas metas. Um exemplo disso é se apegar à crença de que outras pessoas estão tentando encontrar suas falhas — com isso em mente, você se esforça para as esconder.

Testando as Previsões

ALERTA DE JARGÃO

Quando testar suas previsões, busque obter uma *desconfirmação não ambígua*, que significa descobrir de maneira *conclusiva* que seus medos não se tornam realidade, você fazendo ou não alguma coisa para os evitar. Um exemplo de desconfirmação não ambígua pode ser descobrir que sua tontura é causada pela ansiedade, e que você não terá um colapso mesmo que não se sente ou se apoie em algo.

Siga os quatro passos abaixo para planejar seu experimento comportamental:

1. **Descreva seu problema.**
2. **Formule sua previsão.**
3. **Execute um experimento.**

4. Examine os resultados.

Você pode classificar o grau de convicção sobre sua previsão ocorrer, um percentual entre 0% e 100%, no início de sua experiência. Depois de concluir e processar seus resultados, reclassifique sua convicção na previsão original.

Nigel usou o experimento comportamental para testar sua previsão de que não gostaria de participar de atividades sociais. Como o autoisolamento e o distanciamento de atividades antes divertidas promovem depressão, Nigel realmente precisa aprender os benefícios de se tornar mais ativo. Nigel utilizou o seguinte modelo de teste:

- » **Descreva o problema.** A depressão de Nigel normalmente o leva a ter pensamentos sombrios e pessimistas. Ele tende a evitar sair com os amigos ou praticar suas atividades habituais porque não sente vontade. Ele acredita que não será divertido; então, não há motivo para tentar fazer alguma dessas atividades.

- » **Formule uma previsão.** Nigel escolhe experimentar a previsão: "Mesmo que eu saia, não me divertirei e acabarei me sentindo muito pior quando eu chegar em casa." Ele avalia a força de sua convicção nesse pensamento em 80%.

- » **Execute um experimento.** Nigel planeja estruturar em sua semana e agenda duas saídas com amigos. Também planeja andar de bicicleta duas vezes na semana por meia hora, atividade que gostava de fazer. Ele avalia os próximos sete dias em termos de humor e do quanto ele gosta delas.

- » **Examine os resultados.** Nigel percebeu que se divertiu ao sair com seus amigos, embora menos do que antes. Apesar de não ter gostado de andar de bicicleta como de costume e de ter ficado mais cansado que o normal, ele observa que ficou satisfeito por ter, ao menos, feito alguma coisa. Ele reavalia sua convicção sobre a previsão original em 40% e decide fazer outros experimentos, para ver se seu humor e energia melhoram nas próximas duas semanas, caso ele seja mais ativo.

Esse experimento ajudou Nigel a perceber que ele se sentiu melhor por *fazer alguma coisa*, mesmo que não tenha gostado de andar de bicicleta ou socializar tanto quanto gostava quando não estava deprimido. Perceber esses resultados pode ajudá-lo a manter-se fiel à sua agenda de atividades e acabar superando a depressão.

A Teoria que Se Enquadra aos Fatos

Alguns problemas emocionais não respondem bem às tentativas de refutar uma previsão negativa. Nesses casos, é mais recomendável que você desenvolva *teorias concorrentes* sobre o que pode ser de fato o problema. Então, você planeja experimentos para reunir mais evidências e ver qual hipótese reflete a realidade com mais fidelidade.

ALERTA DE JARGÃO

Uma *teoria* é apenas uma ideia ou suposição que você tem, que em sua cabeça explica por que algo acontece — uma palavra técnica demais para um conceito simples.

Desenvolver teorias concorrentes pode ser particularmente útil nas seguintes situações:

» **Ao lidar com previsões que podem levar meses ou anos para ser comprovadas.** Se você teme ir para o inferno por ter pensado em fazer mal a alguém, isto provavelmente só acontecerá daqui a muito tempo. De modo semelhante, se você sofre de *ansiedade crônica* e gasta diversas horas do dia pensando que as sensações físicas podem ser um sinal de que você adoecerá e morrerá, é improvável que saiba ao certo sequer se isso acontecerá. Com esses tipos de pensamentos catastróficos, você precisa realizar testes que o ajudem a reunir evidências que suportem a teoria de que seu problema é causado por preocupação excessiva ou ansiedade, e não relacionado ao juízo final ou a uma doença.

» **Ao lidar com crenças impossíveis de ser comprovadas ou refutadas de modo conclusivo.** Talvez esteja ansioso sobre os outros terem opiniões negativas sobre você. Não há como saber com certeza o que os outros pensam, mesmo que alguém diga que seus medos são infundados, você nunca terá certeza do que essa pessoa está pensando. Da mesma forma que, se você sente ciúme ao pensar que seu parceiro possa desejar outra pessoa, e ele afirma que não há motivo para isso, ainda assim você continua na dúvida com relação aos sentimentos dele.

Para essas duas situações, você pode empregar a estratégia da teoria A e da teoria B:

» Elabore um experimento para reunir evidências que deem suporte à sua ideia de que seus ciúmes têm base em seus *pensamentos* ciumentos (teoria B), e não na realidade (teoria A).

» Da mesma maneira, desenvolva um experimento para testar se a sua teoria original A, que diz: "As pessoas não gostam de mim", ou a teoria alternativa B, que diz: "Com frequência penso que as pessoas não gostam de mim, porque me preocupo demais com a opinião dos outros e acabo interpretando o comportamento deles como sinais de antipatia", explica melhor suas experiências no convívio social.

Registrando Seus Experimentos

Todos os bons cientistas mantêm registros de seus testes. Se você fizer o mesmo, vai poder analisar os resultados anteriores no intuito de:

» Tirar conclusões.
» Decidir que tipo de experimento você deseja conduzir para reunir um maior número de informações.
» Lembrar a si mesmo que a maioria de suas previsões negativas não se torna realidade.

Para ajudá-lo a registrar seus experimentos, faça uma cópia da Figura 4-1 e use-a sempre que for necessário, seguindo suas instruções.

FIGURA 4-1: Faça uma cópia e preencha a própria planilha de registro de experimento comportamental.

Folha para registro do experimento comportamental

Data: _____

Previsão ou Teoria	Experimento	Resultados	Conclusão/Comentários
Descreva o pensamento, a crença ou a teoria que você está testando. Avalie a força da sua convicção de 1% a 100%.	Planeje o que você fará (incluindo onde, quando, como e com quem), e seja o mais específico possível.	Registre o que realmente aconteceu, incluindo pensamentos, emoções, sensações físicas relevantes e o comportamento de outras pessoas.	Escreva o que você aprendeu sobre a sua previsão ou teoria de acordo com os resultados. Reavalie a força da sua convicção de 0% a 100%.

Orientação para desenvolver um experimento comportamental: 1. Seja claro e específico sobre as previsões negativas e alternativas que estão sendo testadas. Avalie a força da sua convicção na previsão ou teoria que você está testando ou avaliando. 2. Decida sobre o seu experimento, e seja o mais claro que conseguir para medir os resultados. 3. Registre os resultados do seu experimento, enfatizando a clareza dos resultados observados. 4. Avalie os resultados do seu experimento. Escreva o que esses resultados sugerem em termos de validade das suas previsões, ou qual a teoria que a evidência confirma. 5. Considere se mais um experimento comportamental seria necessário.

52   PARTE 1 **Fundamentos da TCC**

NESTE CAPÍTULO

» **Treinando a atenção para superar problemas emocionais**
» **Concentrando-se nas tarefas**
» **Direcionando e redirecionando sua atenção**
» **Praticando mindfulness**

Capítulo **5**

Treinando Sua Atenção

Tradicionalmente, a TCC tende a concentrar muitas de suas técnicas para ajudar as pessoas a mudar o *conteúdo* de seus pensamentos — de um pensamento negativo a um mais realista, por exemplo. No entanto, a TCC moderna começou a incorporar outra área da psicologia humana: como focamos nossa atenção.

Apresentamos os *treinamentos de concentração* e de *mindfulness*, duas técnicas para gerenciar pensamentos e exercer controle sobre sua atenção. Este capítulo tem duas mensagens principais:

» Na maioria das vezes, seus pensamentos, não importa o quanto sejam dolorosos ou negativos, não são o verdadeiro problema. Em vez disso, a importância ou o significado que você atribui a esses pensamentos é a causa do problema. Se você encara a afirmação "Sou um caso sem salvação" como um pensamento, e não como um fato, pode diminuir muito seu impacto.

> Quando você tem um problema emocional, sua mente tende a atribuir pensamentos infundados aos aspectos ligados a você mesmo, ao mundo que o rodeia e às outras pessoas. Você também pode tender a focar demais aspectos particulares desses pensamentos nocivos. Felizmente, você pode desenvolver a habilidade de direcionar sua atenção, ou mantê-la afastada, de quaisquer aspectos de suas experiências que quiser, o que pode melhorar seu humor e reduzir a ansiedade.

Treinamento para a Concentração

Esforçar-se em redirecionar sua atenção para longe de si mesmo (isso inclui suas sensações físicas, pensamentos e imagens mentais), em certas situações, é a essência da *tarefa de concentração*. Em vez de pensar em si mesmo, você concentra sua atenção na direção de seu ambiente externo e no que você está fazendo.

Abaixo, temos as duas etapas de ensaio:

> » **Situações não ameaçadoras.** Aqui, você sente pouca ou quase nenhuma ansiedade. Por exemplo, se tem fobia social, talvez se sinta um pouco ansioso ao andar por um parque, viajar em um trem pouco movimentado ou socializar com membros da família e amigos próximos.
>
> » **Situações mais desafiadoras.** Aqui, você tende a sentir ansiedade de nível moderado a alto. Situações mais desafiadoras podem incluir fazer compras em um supermercado lotado, viajar de trem em horário de muito movimento ou ir a uma festa com muitos convidados que você não conhece.

Normalmente, você progride gradualmente de situações não ameaçadoras para situações mais desafiadoras à medida que pratica e desenvolve mais habilidades.

Escolhendo se concentrar

O objetivo dos exercícios da tarefa de concentração não é diminuir sua atenção geral, mas sim concentrar-se com mais afinco em aspectos diferentes do ambiente externo. Alguns exercícios requerem um foco maior de sua atenção em certos comportamentos — como escutar o que outra pessoa está dizendo durante uma conversa ou tentar equilibrar uma bandeja com bebidas enquanto você caminha em um lugar lotado.

Os seguintes exercícios têm como meta aumentar sua compreensão do quanto prestar atenção às sensações e imagens limitam sua habilidade de processar as informações a seu redor. Os exercícios também o ajudam a perceber que consegue prestar atenção a comportamentos externos relacionados à sua tarefa. Em outras palavras, você aprende a *escolher* em que vai prestar atenção, em situações que provocam ansiedade.

CUIDADO

Direcionar intencionalmente sua atenção para longe de si mesmo não significa se *distrair* das próprias sensações físicas ou suprimir seus pensamentos. Às vezes, as pessoas tentam eliminar seus pensamentos na tentativa de aliviar sensações desconfortáveis e ansiedade. No entanto, a supressão funciona, geralmente, por pouco tempo, se tanto.

Exercício de concentração: Aprenda a ouvir

Para esse exercício, sente-se de costas para alguém, pode ser um amigo ou seu terapeuta. Peça para que essa pessoa lhe conte uma história por mais ou menos dois minutos. Concentre-se na história. Então, faça um resumo dela: perceba o quanto de sua atenção você direcionou para a tarefa de ouvir a outra pessoa, para si mesmo e para o ambiente, durante o exercício. Tente usar porcentagens para fazer isso. Seu parceiro pode lhe dar informações sobre seu resumo, para ver como se saiu.

Agora, faça o exercício novamente, mas dessa vez sente frente a frente com o locutor, mantendo contato visual. Peça para que a pessoa lhe conte uma história; mas, agora, deliberadamente, distraia-se se concentrando em seus pensamentos e sensações, e, em seguida, redirecione sua atenção para o locutor. Resuma a história e analise (usando porcentagens, novamente) como dividiu sua atenção entre si mesmo, escutar a outra pessoa e seu ambiente.

Repita as atividades de narração de histórias, sentado de costas e depois frente a frente com a outra pessoa, várias vezes, até que seja capaz de facilmente redirecionar sua atenção para a tarefa de ouvir após uma distração deliberada de autoconcentração. Seguir esses passos vai ajudá-lo a desenvolver sua capacidade de controlar em que você concentra sua atenção.

Exercício de concentração: Comunicação

Siga as mesmas etapas do exercício que você fez para treinar sua capacidade de escutar, como descrevemos na seção anterior. Sente-se de costas para o ouvinte e conte uma história de dois minutos, concentrando sua atenção para contar a história de maneira clara.

Em seguida, posicione-se frente a frente com o ouvinte, mantendo contato visual. Deliberadamente, distraia-se da tarefa de narração, centrando-se em seus sentimentos, sensações e pensamentos. Em seguida, reoriente sua atenção para o que você está dizendo e para o ouvinte, verificando as reações dele e se ele está entendendo o que você está dizendo.

Novamente, usando porcentagens, observe como você divide sua atenção entre si mesmo, a tarefa e seu ambiente.

Exercício de concentração: Prática gradativa

Para esse exercício, prepare duas listas de situações. Para sua primeira lista, anote cinco ou mais exemplos de situações que você classifica como não ameaçadoras. Ao descrever as situações, distraia-se concentrando-se em suas sensações e pensamentos internos. Agora leia a lista de situações, mas dessa vez tente redirecionar sua atenção para coisas externas. Na segunda lista, descreva cerca de dez situações que acha ameaçadoras. Organize as situações de forma gradativa, começando do exemplo que menos provoca ansiedade até o que mais a provoca. Agora, trabalhe em cada situação de sua hierarquia, colocando-se na situação ao mesmo tempo que pratica a tarefa de concentração até chegar ao topo da lista. Isso significa que pode começar a aprender a controlar sua ansiedade em situações da vida real.

Exercício de concentração: Faça um passeio

Para este exercício, caminhe em um parque, prestando atenção ao que você ouve, vê, sente e cheira. Concentre sua atenção por alguns minutos nos diferentes aspectos do mundo a seu redor. Em primeiro lugar, foque a atenção principalmente no que pode ouvir. Em seguida, desvie a atenção para focar-se nos cheiros e, em seguida, na sensação de seus pés tocando o chão, e assim por diante. Você pode direcionar sua atenção para sensações diferentes, o que talvez o ajude a sintonizá-la com o mundo exterior. Alternar entre os cinco sentidos também pode auxiliá-lo a perceber que consegue direcionar sua atenção como quiser.

Depois de ter praticado o direcionamento da maior parte de sua atenção para sentidos isolados, tente integrá-la para incluir todos os aspectos do parque. Procure fazer isso por pelo menos 20 minutos. Permita-se, realmente, absorver todos os detalhes de tudo que está a seu redor. Descubra o que atrai sua atenção. Você pode ficar atraído pela água ou se entusiasmar com os pássaros, plantas ou até mesmo com o aroma da mata. Observe como você se sente mais relaxado e menos centrado em si mesmo à medida que treina sua atenção para o mundo a seu redor.

Tornando-se Mais Atento

Mindfulness, comumente associada ao Budismo, tem se tornado popular nos últimos anos como uma técnica para lidar com depressão, e para gerenciar o estresse e a dor crônica. Evidências apontam que a meditação ajuda a reduzir a chance de problemas, como o retorno da depressão, e adiciona outra arma em seu arsenal contra problemas emocionais.

Estando presente no momento

Mindfulness é a arte de estar presente no momento sem tecer julgamento sobre sua experiência. O processo de mindfulness é muito simples — e ainda assim bastante desafiador. Mantenha sua atenção centrada no momento em que você está passando *agora mesmo*. Suspenda sua opinião sobre o que está sentindo, pensando e absorvendo através de seus sentidos. Basta observar o que está acontecendo à sua volta, em sua mente e em seu corpo, sem fazer nada. Apenas permita-se estar ciente do que está acontecendo.

Ignorando seus pensamentos

Desenvolvendo suas habilidades de tomada de consciência, você pode usá-las para ajudar a lidar com sintomas físicos ou pensamentos nocivos. Se sentir ansiedade social, por exemplo, pode desenvolver a capacidade de manter seu *foco distante* de pensamentos geradores de ansiedade.

Observando o trem passar

Imagine um trem que passa por uma estação. O trem representa seus pensamentos e sensações (o seu "trem de pensamento"). Cada vagão pode representar um ou mais pensamentos, ou sentimentos específicos. Visualize a si mesmo observando o trem passar sem entrar em nenhum vagão. Aceite seus medos sobre o que as outras pessoas podem pensar de você, sem tentar os suprimir ou enfrentar. Apenas observe-os passar como se fossem um trem cruzando uma estação.

Parado na beira da estrada

Outra versão do exercício é imaginar que você está de pé na beira de uma estrada razoavelmente movimentada. Cada veículo que passa representa seus pensamentos e sensações. Apenas assista aos carros passando. Observe e aceite a passagem deles. Não tente pegar carona, redirecionar o fluxo do tráfego ou influenciar a trajetória dos carros.

Aprendendo quando não ouvir a si mesmo

Um dos benefícios reais da compreensão do modo como suas emoções influenciam a maneira como pensa é saber quando o que você está pensando provavelmente não é útil ou muito realista. Estar consciente significa aprender a vivenciar seus pensamentos sem julgar se são verdadeiros ou não.

Dado que muitos dos pensamentos que você experimenta quando está emocionalmente estressado são distorcidos e inúteis, é muito melhor deixar que esses pensamentos passem por você, reconhecendo-os como *sintomas* ou *consequências* de determinado estado emocional ou problema psicológico.

Adotando tarefas diárias conscientes

Tornar-se mais consciente de pequenas tarefas diárias melhorar sua atenção. Basicamente, tudo o que faz ao longo do dia pode ser feito de modo mais consciente. Por exemplo, considere o seguinte:

» Lavar roupa com atenção o ajuda a vivenciar o processo mais plenamente. Perceba o cheiro da água e do sabão, a temperatura da água e o movimento de suas mãos.

» Comer com atenção proporciona uma experiência mais agradável. Diminua a pressa com que você come, preste atenção na textura do alimento, na sutileza dos sabores e na aparência do prato.

Ideias perturbadoras e desagradáveis

Determinados problemas psicológicos, como a depressão, e distúrbios de ansiedade, como o TOC, são frequentemente acompanhados por imagens ou pensamentos perturbadores e desagradáveis. Pessoas deprimidas podem pensar em se machucar ou experimentar fortes imagens de si mesmas colocando o pensamento em prática — mesmo quando não têm real intenção de tentar o suicídio. Esses pensamentos são obviamente muito perturbadores, e as pessoas podem se preocupar que indiquem um risco real. Felizmente, na maior parte das vezes não é esse o caso; a maioria desses pensamentos é meramente um produto desagradável do estado depressivo. É fácil interpretar mal essas imagens e pensamentos como perigosos ou um mau presságio, mas aprender a enxergá-los como eles realmente são — apenas sintomas desagradáveis de depressão ou ansiedade — pode torná-los menos assustadores.

Pessoas com TOC geralmente vivenciam pensamentos e imagens intrusas. O conteúdo desses pensamentos e imagens mentais varia bastante, mas normalmente envolve machucar pessoas queridas ou agir de maneira a violar drasticamente seu código moral. Outros problemas emocionais e de ansiedade também originam imagens e pensamentos aterrorizantes. Alguns clássicos são:

- Perder o controle da bexiga ou do intestino em público.
- Falar algo realmente ofensivo.
- Comportar-se de modo inapropriado sexualmente.
- Pular nos trilhos de um trem.
- Dirigir um carro de modo agressivo.
- Ferir um animal.
- Ferir-se ou ferir a outra pessoa (uma criança ou um ente querido).
- Ter um ataque de pânico em local público.
- Tomar uma decisão ruim, que resulte em consequências irreparáveis.
- Ser bruscamente rejeitado ou humilhado.
- Experimentar pensamentos ou imagens sobre morte ou violência (sobre si mesmo e sobre os outros).

Quando você tem esse tipo de atividade mental abominável e involuntária, é compreensível que queira se livrar dela. Entretanto, normalmente, quanto mais você se esforça para se livrar desses pensamentos e imagens, mais eles se fixam. Isso se deve ao fato de que suas tentativas de eliminar, evitar ou neutralizar pensamentos indesejáveis são impulsionadas por uma regra fundamental:

> "Não devo ter esses pensamentos; eles são inaceitáveis e significam algo apavorante."

Ao se esforçar para evitar e eliminar determinado pensamento, você está inadvertidamente se concentrando mais nele. Se considerar alguns tipos de atividades mentais como proibidas, seus medos de elas ocorrerem aumentam. Paradoxalmente, você pode acabar intensificando a frequência de imagens e pensamentos intrusos, assim como a perturbação de sua resposta a eles. Todo mundo tem pensamentos e imagens intrusas de vez em quando. Mesmo que você não esteja passando por nenhum tipo de problema emocional ou psicológico, não está imune a imagens mentais repulsivas ocasionais. Pessoas sem ansiedade e depressão, porém, são mais capazes de prontamente eliminar o pensamento ou imagem desagradável (ou mesmo chocante) sem importância real. Você pode começar a tolerar pensamentos desagradáveis adotando a seguinte atitude:

> "Não gosto desses pensamentos, mas eles não são anormais ou importantes. Eles não significam nada a meu respeito."

2 Definindo os Problemas e Estabelecendo Metas

NESTA PARTE...

Identifique claramente seus sentimentos e descubra a diferença entre emoções úteis e inúteis.

Entenda o que deseja mudar em sua vida e perceba o quanto algumas de suas soluções habituais para os problemas não são benéficas a longo prazo.

Utilize alternativas para as soluções habituais, que na verdade não estão funcionando para você.

NESTE CAPÍTULO

» Identificando as emoções negativas saudáveis e prejudiciais

» Entendendo os componentes das emoções: pensamento, comportamento e atenção

» Definindo os problemas que você deseja resolver

Capítulo **6**

Explorando as Emoções

Este capítulo foi desenvolvido com a pretensão de apresentar algumas das principais diferenças entre as emoções negativas prejudiciais que você pode experimentar e suas contrapartidas saudáveis. As informações que oferecemos também ajudam a descobrir maneiras de identificar se você está experimentando uma resposta emocional saudável ou prejudicial.

Embora sentir-se mal quando coisas ruins acontecem seja natural, você não precisa piorar as coisas experimentando emoções negativas nocivas. Emoções negativas saudáveis são, geralmente, menos desconfortáveis e menos problemáticas do que sua versão prejudicial. Por exemplo, sentir-se intensamente *triste* (uma emoção negativa saudável) é menos desconfortável que se sentir intensamente *deprimido* (uma emoção prejudicial). Da mesma forma, sentir uma tristeza intensa o estimula a fazer coisas para melhorar sua situação, mas a depressão é mais passível de conduzir à inércia e à resignação.

Felizmente, você pode *pensar* no que *sentir* em maior ou menor grau, o que reduz seu desconforto emocional. Ao escolher pensar de modo saudável e útil, você provavelmente estará mais apto a sentir emoções saudáveis.

Identificando Seus Sentimentos

Se alguém pergunta como se sente, você pode ter dificuldade em descrever exatamente que emoção está vivenciando. Pode não ter certeza sobre qual nome deve dar à sua experiência interna, ou talvez esteja sentindo mais de uma emoção ao mesmo tempo.

Se não está acostumado a falar sobre como se sente, pode ter grande dificuldade em encontrar as palavras que descrevam seus sentimentos.

A seguir, há uma lista de referência de emoções comuns e seus sinônimos, que pode ser usada para enriquecer seu vocabulário de terminologia *emotiva* (relativa às emoções). Esta lista não está dividida entre emoções saudáveis ou prejudiciais.

- **Raiva**
- **Ansiedade**
- **Vergonha**
- **Desapontamento**
- **Constrangimento**
- **Inveja**
- **Culpa**
- **Mágoa**
- **Ciúme**
- **Amor**
- **Tristeza**

Pensando no que Sentir

Um benefício de entender a diferença entre emoções saudáveis e prejudiciais é que você pode se dar uma chance de verificar no que está pensando. Se reconhecer que está enfrentando uma emoção prejudicial, então terá condições de contestar qualquer pensamento que esteja causando sua resposta emocional. Contestar e corrigir os erros de pensamento o levam a vivenciar uma emoção negativa saudável, em vez de um sentimento nocivo.

Sentimentos não são tão unidimensionais como parecem. A maneira como você se sente é mais do que apenas uma emoção em si, porque sentimentos não surgem do nada — eles têm um contexto. Quando você começar a distinguir entre suas emoções saudáveis e nocivas, observe a *interação* de seu pensamento, suas ações, seu foco de atenção, sua memória, seus temas ou gatilhos, e a maneira como se sente.

Entendendo a Anatomia das Emoções

Sempre que você sente uma determinada emoção, todo um sistema é ativado. Esse sistema inclui os pensamentos e as imagens que você insere em sua mente, as lembranças que acessa, os aspectos de si mesmo ou do mundo que o rodeia, aos quais dirige seu foco, as sensações corporais e mentais que experimenta, mudanças físicas, como seu apetite, seu comportamento e as coisas que *sente vontade de fazer*.

Um exemplo de mudança é tornar-se mais ativo, se você tem estado inativo, o que pode aliviar sentimentos de depressão e facilitar que desafie seu pensamento depressivo e pessimista. A prescrição de antidepressivos, que funcionam alterando a química cerebral, abranda a depressão. O uso de antidepressivos facilita que você treine sua atenção para ficar *longe* de pensamentos negativos e sintomas desconfortáveis, e permanecer *voltado* às possíveis soluções para seus problemas práticos.

Identificando a diferença na forma de pensar

Como o exemplo na seção anterior ilustra, emoções nocivas podem surgir de pensamentos rígidos e *com base em exigências*. Pensamentos ou crenças, como "as outras pessoas devem me tratar sempre com respeito" e "eu deveria sempre conseguir o que quero sem ter de me esforçar para isso", podem levar à raiva nociva quando as outras pessoas e o mundo não agem de acordo com nosso desejo.

As emoções saudáveis surgem de pensamentos flexíveis, *com base em preferências*. Então, pensamentos e crenças, como "prefiro que os outros me tratem com respeito, mas eles não são obrigados a fazer isso" e "prefiro conseguir o que quero sem esforço, mas não há motivo para que isso aconteça sempre", levam ao aborrecimento saudável quando as outras pessoas e o mundo não agem conforme suas preferências.

Sentimentos sobre Sentimentos

Ganhar duas emoções pelo preço de uma não é um grande negócio quando se trata de duas emoções nocivas. Às vezes, você pode fortalecer a emoção nociva se prendendo a exigências rígidas sobre quais emoções acredita que são aceitáveis para ser vivenciadas por você.

Um exemplo comum de sentimentos sobre sentimentos é encontrado na depressão. Muitas pessoas nutrem um sentimento de culpa pela própria depressão. Ela advém geralmente das exigências que fazem a si mesmas, por exemplo, que não devem decepcionar os outros ou não devem provocar tensão indevida nas pessoas que amam. Aqui há típicos pensamentos que produzem culpa e que são comuns em pessoas deprimidas:

- » "Eu deveria contribuir mais para cuidar da casa."
- » "Preciso ser mais capaz de demonstrar amor e preocupação com meus filhos."

> » "Meu marido e meus filhos estão preocupados comigo, estou fazendo com que sofram."
>
> » "Eu não deveria negligenciar meus amigos desse jeito."

Reconhecer suas metaemoções é importante, porque elas impedem que você lide com seus problemas primários. Por exemplo, você pode estar se sentindo culpada por sofrer de depressão. Se conseguir parar de sentir culpa, poderá certamente trabalhar para superar a depressão de maneira mais eficaz.

Definindo Problemas Emocionais

O objetivo da TCC é ajudá-lo a superar seus problemas emocionais e fazer com que você avance na direção de suas metas. Assim como todos os meios de se resolver problemas, *defini-los* é o primeiro passo para solucionar cada um deles.

Avaliando seu problema emocional

A natureza humana o leva a focar o quanto está se sentindo mal em vez de o quanto está se sentindo bem. Ao reduzir a intensidade de qualquer transtorno psicológico, você encontra motivação na capacidade de ver a diferença. Após descrever uma emoção problemática, avalie-a em uma escala de 0 a 10, com base no quanto essa emoção o perturba e no quanto ela interfere em sua vida.

Enquanto trabalha para resolver seu problema emocional fazendo mudanças em sua maneira de pensar e em seu comportamento, continue a avaliar a perturbação e a interferência que isso lhe causa. Suas notas de avaliação tendem a diminuir conforme se esforça para superar suas emoções negativas nocivas. Reveja suas avaliações regularmente, uma vez por semana mais ou menos. Proceder dessa maneira o auxilia a lembrar de seu progresso e renova sua motivação para continuar fazendo um bom trabalho!

Compartilhe suas avaliações com seu terapeuta de TCC, caso tenha um. Ele pode acompanhar seus registros de avaliações e apresentar a você o progresso feito, no intuito de reforçar sua motivação quando ela começar a se enfraquecer.

> **NESTE CAPÍTULO**
>
> » Entendendo como estratégias de enfrentamento comuns mantêm (ou pioram) seus problemas
> » Examinando e eliminando os comportamentos de segurança

Capítulo **7**

Soluções que Causam Problemas

O primeiro passo na solução de qualquer tipo de problema é defini-lo. Este capítulo fala sobre avaliá-lo e identificar como suas estratégias habituais para lidar com eles são parte de seu problema específico.

Com frequência, comportamentos problemáticos que mantêm ou pioram os problemas emocionais são exatamente aqueles que as pessoas adotam para ajudar a si mesmas na superação — por isso que a expressão mais comum da TCC é "sua solução é seu problema".

A verdade é que não lhe ensinaram qual é a melhor maneira de lidar com problemas emocionais, como ansiedade, depressão e obsessões. Confessamos que, mesmo tendo sido treinados na arte de solucionar problemas emocionais, quando se trata de lidar com nossas próprias emoções, ainda podemos lidar com isso de forma errada.

Quando Se Sentir Bem Piora Tudo

Aaron Beck, fundador da TCC, e Dennis Greenberger, um terapeuta cognitivo-comportamental bem conceituado, perceberam que, se você conseguir inverter uma estratégia contraproducente, estará no caminho certo para encontrar uma solução real. Esse conceito basicamente significa que, ao fazer o completo oposto de suas estratégias já estabelecidas de como lidar com a dificuldade, você pode se recuperar de seus problemas. Expor a si mesmo a situações temidas, em vez de evitá-las, é um bom exemplo de inverter uma estratégia contraproducente. Quanto mais você evita situações que lhe causam medo, mais medo terá de se deparar com elas. A fuga prejudica seu senso de capacidade de lidar com eventos desagradáveis e desconfortáveis. Por exemplo, nunca usar o elevador pode temporariamente acabar com seu estado de ansiedade sobre estar em um ambiente fechado, mas evitar elevadores não o ajuda a enfrentar seu medo de lugares fechados de modo definitivo.

Windy Dryden, que nos treinou na TCC, cunhou a frase "Sinta-se melhor, fique pior. Sinta-se mal, fique melhor", ao se referir às pessoas que superam seus problemas emocionais. Muitas das atividades que você está fazendo — e que acabam mantendo seus problemas atuais — são impulsionadas por uma meta altamente compreensível para redução do estresse. No entanto, quando você deseja obter alívio a curto prazo, pode acabar reforçando as mesmas crenças e comportamentos que sustentam suas dificuldades.

LEMBRE-SE

Um dos meios mais poderosos de modificar suas emoções de forma duradoura é agir contra suas crenças improdutivas e agir conforme suas crenças produtivas alternativas.

Veja mais alguns exemplos sobre o que queremos dizer com *soluções que mantêm o problema*:

> » **Evitar situações que lhe causam medo e provocam ansiedade.**
> » **Ingerir bebidas alcoólicas ou usar drogas para bloquear seus sentimentos desconfortáveis.**
> » **Ocultar aspectos sobre si mesmo que lhe causam vergonha.**
> » **Adiar lidar com seus problemas ou tarefas até que se sinta com vontade para isso.**

Vencendo a Depressão sem Perder a Motivação

Se você está se sentindo deprimido, tende a ficar menos ativo e pode se afastar do convívio social. Inatividade e afastamento social são frequentemente tentativas de lidar com sentimentos depressivos, mas elas podem reduzir o fortalecimento positivo proveniente de atividades normais da vida, aumentar a fadiga, levar à acumulação de problemas ou tarefas, e instalar a sensação de culpa.

Por exemplo, se você tem se sentido deprimido por algum tempo, pode acabar usando diversas estratégias que acabam sendo negativas para aliviar a depressão:

> » Para evitar a vergonha por estar deprimido, talvez você evite encontrar seus amigos. Essa estratégia para lidar com a situação pode fazer com que se sinta mais isolado e não consiga o apoio de que necessita.
> » Para evitar sua irritação perto de sua esposa e filhos, você pode diminuir seu contato com eles. Seus filhos podem se tornar indisciplinados, seu relacionamento com sua esposa pode ruir, e você pode acabar se sentindo culpado por não passar tempo com eles.

> » Para evitar o constrangimento de cometer erros no trabalho, você pode não ir trabalhar com frequência.
>
> » Para evitar se sentir cansado e aliviar a depressão, você pode tirar um cochilo durante o dia. Infelizmente, esse sono fora de hora pode alterar seu padrão de sono, causando ainda mais fadiga.

Abrindo Mão do Controle

Abrir mão do controle é uma habilidade especialmente relevante se você tem qualquer tipo de ansiedade, incluindo Transtorno Obsessivo Compulsivo (TOC) e Transtorno de Estresse Pós-Traumático (TEPT). Mas isso é aplicável a outros tipos de problemas emocionais, como raiva, ciúme e distúrbios alimentares, como anorexia e bulimia.

Estes são alguns exemplos comuns do quanto você pode estar se esforçando demais para ter controle:

> » Tentar limitar algumas sensações físicas porque você acredita que alguns sintomas físicos lhe farão mal. Por exemplo: "Se eu não parar de sentir tontura, vou desmaiar."
>
> » Tentar controlar e monitorar seus pensamentos porque acha que, se eles saírem do seu controle, você enlouquecerá.
>
> » Ser muito controlador sobre os tipos de alimentos que consome, quando e quanto come.
>
> » Suprimir pensamentos, dúvidas ou imagens desagradáveis porque você acredita que, se permitir que entrem na sua mente, eles causarão mal a você mesmo ou aos outros.
>
> » Tentar controlar as reações físicas do seu corpo à ansiedade, como mãos trêmulas, ficar corado ou suar, porque você pensa que os outros o irão julgar de maneira severa se perceberem tais sintomas.

Se você tenta, a qualquer custo, obter controle imediato, com frequência acaba:

- Focando mais o sentimento de não poder controlar, dessa forma fazendo com que se sinta mais fraco do que estava antes.
- Tentando controlar coisas que vão contra a biologia, como a necessidade de se alimentar, o que leva a preocupação constante e um senso de controle ainda menor.
- Pressionando demais a si mesmo para controlar os sintomas e pensamentos que não estão sob seu domínio, desse modo fazendo com que se sinta mais ansioso.
- Concluindo que algo deve estar muito errado com você, porque não consegue controlar os sintomas, e assim se sente ainda mais ansioso, e vivencia mais pensamentos desordenados e sensações físicas desagradáveis.

Sentindo-se Seguro na Incerteza

A necessidade de ter certeza é um fator contribuinte comum de ansiedade, problemas obsessivos e ciúme.

Infelizmente, as únicas coisas das quais se pode ter 100% de certeza, segundo o ditado, são o nascimento, a morte e os impostos. Descontando isso, os seres humanos vivem em um mundo bastante incerto. É claro que muitas coisas são previsíveis ou passíveis de uma boa previsão, como o sol surgindo pela manhã e desaparecendo à noite. Entretanto, outras coisas na vida são bastante incertas. "Serei bonita?", "Serei rica?", "Viverei até uma velhice feliz rodeada de netos e gatos?" Como diz a canção: "Que será, será."

Tentar se livrar da dúvida procurando uma certeza inatingível é o mesmo que tentar apagar o fogo jogando mais lenha. Se não tem tolerância à incerteza, assim que você desfizer uma dúvida, outra logo aparecerá. O truque é encontrar formas de tolerar a dúvida e a incerteza — elas existem, goste você ou não.

Veja a seguir alguns exemplos de como suas exigências por certeza estão refletidas em seu comportamento:

- » **Busca frequente por confirmação e segurança.**
- » **Comportamentos repetitivos de verificação.**
- » **Rituais supersticiosos.**
- » **Evitamento riscos.**
- » **Tentativa de influenciar os outros.**

Superando os Efeitos Colaterais da Busca Excessiva por Segurança

Uma das principais maneiras pelas quais você mantém seus problemas emocionais é resgatando a si mesmo de suas catástrofes imaginárias. Com frequência, esses desastres antecipados são produtos de sua mente preocupada, e não eventos reais e prováveis. Pessoas com dificuldades específicas de ansiedade, como as listadas nesta seção, geralmente tomam medidas para reduzir a ansiedade e aumentar a sensação de segurança, mas que na verdade as tornam mais intolerantes à inevitável incerteza do dia a dia.

Evitar, fugir ou tentar impedir uma catástrofe temida impossibilita que você perceba três coisas essenciais:

- » O evento temido pode nunca acontecer.
- » Se o evento temido acontecer, é mais provável que você encontre formas de o enfrentar. Por exemplo, outras pessoas ou organizações estarão disponíveis para ajudá-lo.

> » O evento temido pode até ser inconveniente, desconfortável, perturbador e profundamente desagradável, mas raramente é terrível ou insuportável.

Ajudando a Si Mesmo: Coloque as Pétalas na Sua Flor do Mal

O *exercício da flor do mal* é uma maneira de unir elementos diferentes de seu problema para auxiliar a compreensão de como ele é mantido. Siga os seguintes passos para preencher a própria flor do mal:

1. **Na caixa do Gatilho, escreva o que aciona seu sentimento de ansiedade ou aborrecimento.**
2. **No círculo central, escreva os pensamentos e significados principais que você atribui ao gatilho.**
3. **Nas pétalas da flor, escreva as emoções, comportamentos e sensações que experimenta quando seu sentimento desconfortável é acionado. Na pétala superior, escreva em que você tende a focar.**

Um dos aspectos mais importantes durante o processo de construção da flor é pensar em como as pétalas afetam o pensamento ou o "significado" que sustenta seu problema emocional. Por exemplo, o efeito da ansiedade em seu pensamento é torná-lo mais suscetível a interpretar experiências como mais perigosas do que realmente são. O efeito da depressão é fazer com que você pense de modo mais sombrio e negativo.

Quando você entende os mecanismos que sustentam seu problema, parece muito mais prático e lógico identificar quais pétalas precisam de mudança.

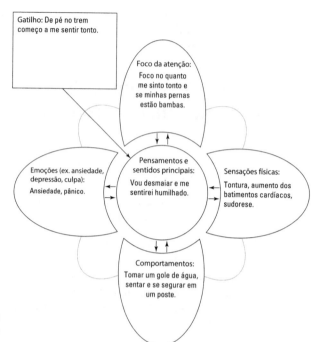

FIGURA 7-1: A anatomia da emoção.

> **NESTE CAPÍTULO**
>
> » Definindo suas metas para mudanças comportamentais e emocionais
> » Motivando-se
> » Registrando seu progresso

Capítulo 8
Fixando o Foco em Suas Metas

Se tivéssemos que definir o propósito da terapia, não seria o de fazer você se tornar uma pessoa mais racional. Na verdade, o propósito de seu terapeuta é ajudar você a alcançar suas metas. Pensar de modo diferente é uma das maneiras de alcançá-las. A TCC o ajuda a mudar a forma de pensar e se comportar. Este capítulo auxilia a definição das metas e sugere algumas fontes de inspiração para a mudança.

SPORT para Atingir Suas Metas

Muitas pessoas têm dificuldade para superar seus problemas porque suas metas são muito vagas. Para ajudá-lo a desenvolver metas claras e fáceis de alcançar, desenvolvemos o acrônimo SPORT, que significa:

- » **Seletivo**: Seja preciso sobre onde, quando e/ou com quem você quer se sentir e se comportar de modo diferente. Por exemplo, você pode preferir se sentir preocupado e não ansioso antes de fazer uma apresentação no trabalho, e durante a apresentação você pode querer se concentrar mais na audiência do que em si mesmo.

- » **Positivo:** Determine suas metas em termos positivos, encorajando a si mesmo a desenvolver mais, ao invés de menos, alguma coisa. Por exemplo, você pode querer ganhar mais autoconfiança (em vez de ficar menos ansioso) ou aperfeiçoar alguma habilidade (em vez de cometer menos erros).

- » **Observável:** Tente incluir em sua meta a descrição de uma mudança comportamental observável. Assim, saberá dizer quando a alcançou, pois verá uma mudança específica.

- » **Realista:** Estabeleça suas metas de maneira clara, concreta, realista e alcançável. Mantenha o foco nas metas que estão a seu alcance e que dependam de uma mudança sua em vez de uma mudança alheia. Tente visualizar a si mesmo alcançando esses objetivos. Metas realistas o ajudam a ficar motivado e centrado.

- » **Tempo:** Estabeleça um tempo limite para manter-se focado e eficiente na busca por sua meta. Por exemplo, se você tem evitado algo por algum tempo, decida quando planeja enfrentar a situação. Especifique por quanto tempo e com que frequência deseja apresentar um novo comportamento, como ir para a academia três vezes por semana por uma hora.

Pensando no Quanto Você Quer Ser Diferente

Definir suas metas e escrever cada uma delas é o alicerce de seu programa de TCC. Esta seção o ajuda a identificar como pode querer, sentir e pensar diferente.

Metas relacionadas a seus problemas

Para estabelecer uma meta relacionada à superação de um problema, é necessário, primeiro, defini-lo, como falamos no Capítulo 6 (em que exploramos emoções e comportamentos nocivos e suas contrapartes saudáveis).

A *declaração do problema* contém os seguintes componentes:

- » Sentimentos/emoções.
- » A situação ou o tema que acionam a emoção.
- » A forma como você tende a agir nessa situação quando sente a emoção problemática.

Definindo qual é a alternativa para seu sentimento

A TCC ajuda a alcançar mudanças no modo como se sente emocionalmente. Por exemplo, você pode decidir que quer se sentir triste e desapontado, em vez de deprimido e magoado, sobre o fim do seu casamento.

CUIDADO

Desejar se sentir "tranquilo", "bem" ou "relaxado" pode não ajudar se você estiver enfrentando uma situação difícil. Sentir emoções negativas sobre eventos negativos é realista e apropriado. Mantenha suas metas realistas e úteis ao almejar experimentar emoções saudáveis, e tente manter um nível de intensidade emocional apropriado ao enfrentar eventos difíceis.

Definindo como quer agir

A segunda área de mudança na qual a TCC pode ajudá-lo é em seu comportamento. Por exemplo, depois de passar por um divórcio, você pode decidir começar a ver seus amigos e voltar a trabalhar, em vez de ficar na cama e assistir à televisão o dia inteiro.

DICA Você também pode incluir mudanças em suas atividades mentais em uma meta, como redirecionar seu foco de atenção para o mundo exterior ou permitir que pensamentos *catastróficos* (aborrecimentos ou o pior cenário possível) simplesmente passem por sua mente.

Fazendo uma declaração

Uma declaração de meta é muito similar à declaração de problema — elas têm os mesmos componentes, mas as emoções e os comportamentos são diferentes. Uma boa declaração de meta envolve o seguinte:

Sentir _____ (emoção) sobre _____ (tema ou situação) e _____ (comportamento).

Então, por exemplo, talvez você queira se sentir *preocupado* (emoção) *por dizer algo tolo em um jantar* (situação) e *ficar sentado à mesa para dar continuidade à conversa* (comportamento).

Maximizando Sua Motivação

A motivação tem as próprias fases, exatamente como a lua. Felizmente, você não precisa se sentir motivado sobre a mudança antes de dar os primeiros passos. Frequentemente, a motivação vem depois, e não antes, de ações positivas — não raro as pessoas descobrem estar envolvidas em algo quando já começaram a fazer parte disso. Esta seção sugere algumas formas para criar motivação e encorajá-lo a continuar trabalhando em suas metas na ausência temporária de motivação.

Identificando a inspiração para a mudança

Muitas pessoas acreditam que mudar é difícil. Sua motivação pode ficar abalada às vezes, ou você pode nem mesmo ser capaz de se imaginar superando as dificuldades. Se qualquer uma dessas situações lhe parece familiar, você está em boa companhia. Muitas pessoas buscam fontes de inspiração ao começar, e perseverar, o processo de superação dos problemas. Bons exemplos de fontes de encorajamento incluem o seguinte:

- » **Modelos que apresentam características que gostaria de adotar para si.** Por exemplo, você pode conhecer alguém que permanece calmo, expressa seus sentimentos para os outros, é aberto a novas experiências, ou é confiante e determinado. Seja real ou ficcional, vivo ou morto, conhecido por você ou alguém que não conhece, escolha alguém que o inspire e que sirva de modelo para sua nova forma de ser.

- » **Histórias inspiradoras sobre pessoas que superaram a adversidade.** Pessoas comuns regularmente sobrevivem às mais extraordinárias experiências. As histórias sobre as experiências delas podem levá-lo a fazer poderosas mudanças pessoais.

CUIDADO

Mantenha o foco em se inspirar na experiência de outra pessoas e não em se comparar negativamente com as habilidades "superiores" que alguém tem para enfrentar um problema.

- » **Imagens e metáforas.** Pense em si mesmo como, por exemplo, uma robusta árvore resistindo ao forte vento que sopra contra você, o que pode ser uma metáfora inspiradora para o representar resistindo a uma crítica sem fundamento.

- » **Provérbios, citações e ícones.** Use ideias que viu em romances, literatura religiosa, filmes, músicas ou citações de pessoas célebres para continuar buscando suas metas.

Os benefícios da mudança

As pessoas mantêm padrões improdutivos de comportamento com frequência (como habitualmente chegar atrasado ao trabalho), porque se concentram nos benefícios a curto prazo (nesse caso, evitar a ansiedade de estar em um ônibus ou um trem lotado) em vez de se livrar desse comportamento. Entretanto, distantes do desconforto imediato, essas mesmas pessoas podem se concentrar no desejo de ser livres das restrições impostas por seu problema (sendo capazes de viajar despreocupadamente em um transporte público).

Analisando custo/benefício

Manter uma *análise de custo/benefício (ACB)* para examinar os prós e os contras de algo reforça seu comprometimento com a mudança. Você pode usar a ACB para examinar as vantagens e as desvantagens de diversas coisas, como:

- » **Comportamentos:** O quanto essa ação é útil para você? Ela traz benefícios a curto ou a longo prazo?
- » **Emoções:** O quanto essa emoção é útil? Por exemplo, sentir culpa ou raiva o ajuda?
- » **Pensamentos, atitudes ou crenças:** Pensar dessa forma vai levá-lo para onde? Como essa crença o ajuda?
- » **Opções para resolver um problema prático:** Como essa solução funciona? Essa resposta é realmente a melhor para o problema?

Ao usar um modelo ACB semelhante ao apresentado na Tabela 8-1, lembre-se de avaliar os prós e os contras:

- » Em curto prazo.
- » Em longo prazo.
- » Para você.
- » Para os outros.

TABELA 8-1 Modelo de Análise de Custo/Benefício

Custos e benefícios de:	
Custos (desvantagens)	*Benefícios (vantagens)*

Tente escrever as declarações ACB em pares, particularmente quando considerar mudar a forma como se sente, age ou pensa. Quais são as *vantagens* de sentir ansiedade? E as *desvantagens*? Escreva os pares de declarações para o que você sente, faz ou pensa; e, para o outro, escreva alternativas mais saudáveis. A Tabela 8-2 apresenta o Formulário da ACB completo.

TABELA 8-2 Análise de Custo/Benefício: "Custos e Benefícios de Dizer o que Penso e de Prestar Atenção na Conversa"

Custos	Benefícios
Vou acabar dizendo alguma tolice.	Não precisarei pensar muito e conseguirei relaxar.
Posso acabar não dizendo a melhor coisa possível.	Posso ser mais espontâneo.
Posso acabar falando um monte de bobagens, e as pessoas podem não gostar de mim.	Serei capaz de concentrar-me no que está sendo dito e não parecerei distraído.

Após ter feito uma ACB, revise criticamente os "benefícios" de permanecer igual e os "custos" de mudar. Você pode decidir que esses custos e benefícios não são estritamente precisos. Quanto mais puder ampliar sua percepção de que mudar o beneficia, mais motivado se sentirá na busca pela realização de suas metas.

DICA

Escreva um cartão motivacional no qual declare os *benefícios de mudar* e os *custos de continuar igual* com base em sua análise de custo/benefício. Você pode usar esse cartão quando precisar se motivar.

Um amplo aspecto de se alcançar uma meta, seja aprender a tocar guitarra ou construir um negócio, é aceitar o desconforto temporário para obter o benefício duradouro.

Registrando seu progresso

Manter registros de seu progresso o ajuda a se manter motivado. Se sua motivação diminui, dê uma acelerada em direção à sua meta, revendo o quanto já andou em direção a ela. Use um modelo problema-e-meta, como o mostrado na Figura 8-1, para especificar sua dificuldade e avaliar a intensidade. Então, defina sua meta e avalie seu progresso em relação ao que deseja alcançar. Faça isso em intervalos regulares, como a cada uma semana ou duas.

1. **Identifique o problema que você está enfrentando. Inclua informações sobre as emoções e comportamentos relacionados a um evento específico. Lembre-se de que está sentindo uma *emoção* por causa de uma *situação*, que o está levando a se *comportar* de certa maneira.**

2. **Em intervalos regulares, avalie a intensidade de seu problema emocional e o quanto ele interfere em sua vida. O 0 (zero) significa taxa de estresse emocional inexistente e sem interferência em sua vida; e 10 significa o máximo estresse emocional possível, com muita frequência e com grande interferência em sua vida.**

3. **Preencha a seção da meta mantendo o mesmo tema e situação, mas especifique como desejaria se sentir e agir diferentemente.**

4. **Classifique o quanto você está próximo de realizar sua meta. O 0 (zero) significa inexistência de progresso em qualquer momento, e o 10 significa que a mudança em sua maneira de sentir e se comportar foi completa e consistentemente alcançada.**

LEMBRE-SE

A mudança não acontece do dia para a noite, então não classifique seu progresso com mais frequência do que semanalmente. Procure por mudanças *gerais* na *frequência*, *intensidade* e *duração* de seus sentimentos e comportamentos problemáticos.

FIGURA 8-1: Modelo problema-e-meta.

Usando o formulário abaixo, identifique um dos principais problemas que você quer trabalhar na terapia. Uma declaração sobre um problema inclui informação sobre emoções e comportamento relacionados a uma situação ou evento específico. Por exemplo: "Ficar deprimido pelo fim do meu casamento me levou a ficar retraído e a ficar até quase 6 da tarde na cama todo dia" ou "Por me sentir ansioso em reuniões sociais, acabo evitando ir a bares, restaurantes, reuniões, ou ser extremamente cuidadoso sobre o que eu falo em público". Pense em escrever sua declaração sobre o problema preenchendo os espaços: *sentindo-me _____ (emoção) sobre _____ (situação), levando-me a _____ (comportamento).* Use o mesmo formato para identificar a meta que você quer alcançar, mas desta vez especifique em como você gostaria que as coisas fossem diferentes em termos de emoções e comportamento.

PROBLEMA Nº	DATA:	DATA:	DATA:	DATA:
	AVALIAÇÃO:	AVALIAÇÃO:	AVALIAÇÃO:	AVALIAÇÃO:
	DATA:	DATA:	DATA:	DATA:
	AVALIAÇÃO:	AVALIAÇÃO:	AVALIAÇÃO:	AVALIAÇÃO:

Avalie a gravidade do seu problema emocional de 0 a 10. **0 = sem estresse/sem dano na habilidade para funcionar 10 = estresse extremo/incapaz de funcionar em qualquer área da vida.**

META RELACIONADA AO PROBLEMA	DATA:	DATA:	DATA:	DATA:
	AVALIAÇÃO:	AVALIAÇÃO:	AVALIAÇÃO:	AVALIAÇÃO:
	DATA:	DATA:	DATA:	DATA:
	AVALIAÇÃO:	AVALIAÇÃO:	AVALIAÇÃO:	AVALIAÇÃO:

Avalie o quanto você está perto de alcançar sua meta. **0 = sem progresso algum 10 = meta alcançada e mantida consistentemente.**

3
Colocando a TCC em Prática

NESTA PARTE...

Entenda o seu problema.

Vença a depressão, as obsessões, a ansiedade e até mesmo a raiva descontrolada.

Ganhe mais controle sobre seus problemas e realmente comece a pensar sobre recuperação.

> **NESTE CAPÍTULO**
> » Entendendo a natureza da ansiedade
> » Desenvolvendo atitudes que auxiliam a superar a ansiedade
> » Desenvolvendo um programa para enfrentar seus medos

Capítulo **9**

Enfrentando Medo e Ansiedade

A ansiedade é tirana. E, como a maioria dos tiranos, quanto mais você se deixa intimidar, mais forte ela se torna. Este capítulo auxilia na compreensão da natureza da ansiedade e como identificar de que maneira ela exerce poder sobre você. Fundamentalmente, você pode combater a ansiedade, como qualquer outro tirano, enfrentando-a.

Atitudes contra a Ansiedade

São os seus pensamentos que contam, porque seus sentimentos são muito influenciados pelo modo como sua mente funciona. Sentir-se ansioso aumenta a chance de ter pensamentos que provocam ansiedade. Pensamentos ansiosos aumentam os sentimentos ansiosos; dessa forma, um círculo vicioso tem início.

Pense em eventos ruins de forma realista

Se você tem qualquer tipo de problema relacionado à ansiedade, provavelmente já desperdiçou muito tempo preocupando-se com coisas ruins que *poderiam* acontecer a você ou aos que ama. Quanto mais você concentra sua atenção em eventos negativos e se preocupa com coisas ruins que podem estar à espreita, mais provável que você acredite que eles de fato acontecerão.

Provar com absoluta certeza que eventos ruins não acontecerão não é fácil sem o uso de uma ou duas bolas de cristal, mas você pode reconhecer sua tendência a *superestimar* a probabilidade de coisas ruins acontecerem. Ajuste apropriadamente sua maneira de pensar para contrabalançar essa tendência. Equilibrar sua atitude é muito parecido com andar de bicicleta com o guidão entortado para a esquerda — para andar em linha reta, é necessário virá-lo para a direita; caso contrário, você continuará andando somente para o lado esquerdo. Se você tende sempre a imaginar o pior, endireite seu pensamento deliberadamente, supondo que tudo vai dar certo.

Evitando o pensamento radical

Dizer a si mesmo que tudo é "pavoroso", "horrível", "terrível" ou "o fim do mundo" apenas aumenta o nível de ansiedade. Lembre-se de que poucas coisas são realmente terríveis e que, em vez de classificá-las de forma tão taxativa, deve classificá-las como "ruins", "lamentáveis" ou "desagradáveis", mas não "o fim do mundo".

O medo gera medo

Quando as pessoas dizem coisas como "Não se preocupe, é *apenas* ansiedade", a palavra "apenas" implica — erroneamente — que a ansiedade é uma experiência amena. Ela pode, de fato, ser uma experiência muito profunda, com fortes sensações físicas e mentais. Algumas pessoas ansiosas interpretam de modo errado esses sintomas físicos como sendo perigosos ou sinais de perigo iminente. Erros comuns de interpretação incluem supor que sentir náusea significa que você vai vomitar, ou pensar que você está enlouquecendo porque as coisas a seu redor parecem "irreais".

Sem dúvida alguma, a ansiedade é uma sensação desagradável e por vezes extremamente perturbadora. No entanto, classificá-la como "insuportável" ou dizer "Não posso aguentar isso" só aumenta sua intensidade. Lembre-se de que é difícil lidar com a ansiedade, mas que ela não é insuportável.

Atacando a Ansiedade

Abaixo, alguns princípios essenciais para identificar e lidar com a ansiedade.

Vencendo sem lutar

Tentar controlar sua ansiedade pode levá-lo a sentir uma inquietação muito mais intensa e duradoura. Muitos dos nossos clientes nos dizem: "Faz sentido enfrentar meus medos, mas o que devo fazer quando estiver me sentindo ansioso?"

A resposta é... nada. Bem, mais ou menos isso. Aceitar e tolerar sua ansiedade quando você está deliberadamente enfrentando seus medos é geralmente o meio mais eficaz de garantir que essa emoção passe mais rápido.

Derrotando o medo

Talvez o meio mais confiável de superar a ansiedade seja seguindo a máxima: ETES — Enfrente Tudo E Supere. Fundamentada em diversos testes clínicos e usada diariamente no mundo todo, o princípio de enfrentar seus medos até reduzir sua ansiedade é um dos pilares da TCC.

Mantendo sua exposição desafiadora, mas não insuportável

Ao confrontar seus medos, tenha como objetivo uma *exposição manejável*, para que você tenha uma experiência bem-sucedida ao confrontar e dominá-los. Se suas exposições forem insuportáveis, você pode acabar recorrendo à fuga, à evitação e aos comportamentos de segurança. O oposto de escolher as exposições muito desgastantes é encarar coisas pouco desafiadoras, o que torna seu progresso mais lento e desanimador. Lute para equilibrar os dois extremos.

Livrando-se dos comportamentos de segurança

Você pode superar a ansiedade virando-a de cabeça para baixo. A melhor maneira de fazer sua ansiedade desaparecer é deixar que aja por si só. As coisas que faz para reduzir o medo a curto prazo são as mesmas que, frequentemente, provocam sua ansiedade.

Registrando sua batalha contra o medo

Mantenha um registro de sua batalha contra o medo para poder verificar seu progresso e fazer planos futuros. Seu registro pode incluir:

- » A duração de sua sessão de exposição.
- » As classificações de sua ansiedade no início, no meio e no fim de sua exposição.

O registro auxilia a ver se você está se mantendo fiel a seu programa por tempo suficiente para que o medo diminua. Se o medo parece não estar sendo reduzido, certifique-se se ainda está se esforçando o bastante para reduzi-lo livrando-se dos comportamentos de segurança.

Neutralizando os Tipos Comuns de Ansiedade

As seções seguintes descrevem a aplicação da TCC para alguns problemas comuns de ansiedade. Uma discussão completa sobre todos os tipos específicos de problemas de ansiedade estende-se além do escopo deste livro. Entretanto, os princípios da TCC que introduzimos aqui são as melhores apostas para superar os problemas de ansiedade.

Primeiro, defina o que está fazendo para manter a ansiedade viva em seu pensamento e comportamento. Então, comece a coletar seus pensamentos improdutivos e a gerar alternativas, testando-as na realidade. Entender em que você concentra sua atenção, e treiná-la, pode ser uma grande ajuda.

Atacando a ansiedade social

Ataque a *ansiedade social* (medo excessivo de avaliação negativa por outras pessoas) elaborando uma lista de situações sociais que você mais teme ou evita, e os comportamentos de segurança que tende a adotar.

Agarre-se à ideia de que você pode se aceitar mesmo que os outros não gostem de você. Seja mais flexível sobre o quão inteligente, original e divertido você "tem" que ser. Sistematicamente, teste suas previsões sobre os pensamentos negativos que as pessoas possam ter sobre você — como reagem quando você não se empenha em atuar? Redirecione o foco de sua atenção para o mundo a seu redor e para as pessoas com quem você interage, em vez de se focar em si mesmo, para ajudar ainda mais o processo de treinar sua atenção. Depois de sair da situação social, resista à tendência de reviver seus encontros sociais mentalmente.

Travando uma guerra contra a preocupação

Para travar uma guerra contra a preocupação excessiva, resista à tentação de solucionar todos os seus problemas antes que aconteçam. Tente viver com a dúvida e perceba que a coisa mais importante não é com o que você se preocupa especificamente, mas como lida com os pensamentos que geram preocupações. Superar a preocupação é a arte de permitir que os pensamentos entrem em sua mente sem tentar "resolvê-los" ou espantá-los para longe.

Aniquilando o pânico

Os ataques de pânico são intensas explosões de ansiedade na ausência de um perigo real, e regularmente parecem surgir do nada. Os ataques de pânico com frequência são acompanhados por fortes sensações físicas, como náusea, palpitação, respiração ofegante, sufocamento, tontura e suor frio. O pânico se instala quando as pessoas assumem, erroneamente, que essas sensações físicas são perigosas, desse modo, entram em um círculo vicioso, porque essas interpretações errôneas levam ao aumento da ansiedade e das sensações físicas.

Coloque o pânico para fora de sua vida deliberadamente ao acionar sensações de pânico. Coloque-se em situações que costuma evitar e resista ao uso de comportamentos de segurança. Perceba, por exemplo, que sentir tontura não significa que vai desmaiar, então você não precisa se sentar, e que outras sensações desconfortáveis de ansiedade vão passar sem lhe fazer mal algum. Faça um experimento comportamental para testar especificamente se as catástrofes das quais você tem medo tornam-se realidade como consequência de um ataque de pânico.

> **NESTE CAPÍTULO**
>
> » Reconhecendo a adição
> » Escolhendo mudar
> » Superando compulsões e desejos
> » Mudando o estilo de vida para evitar recaídas

Capítulo **10**

Abolindo Adições

Hoje em dia, o termo "vício" ou "dependência", tecnicamente conhecido como adição ou comportamento aditivo, pode ser um pouco confuso. Essas palavras são usadas para descrever relações nocivas com comida, amor, nicotina, adrenalina, pornografia, jogo e até coisas relativamente inócuas, como jogos de internet ou guloseimas. Neste capítulo, tratamos principalmente da dependência em substâncias que não são necessárias, em qualquer quantidade, para a sobrevivência — como o álcool e as drogas ilícitas. Também incluímos o jogo de azar e a pornografia, já que ambos parecem ser um problema crescente com o advento dos jogos de azar na internet e dos sites pornográficos. Mesmo que seu problema não seja drogas, sexo ou pôquer, você ainda encontra informações neste capítulo que o ajudam a encarar e superar qualquer comportamento compulsivo prejudicial.

Identificando Seu Problema

Talvez você esteja ciente de que o uso de certas substâncias causa problemas em sua vida e impacta de modo negativo seus relacionamentos. Entretanto, como muitas pessoas, você pode estar negando a gravidade do problema.

Muitas pessoas rejeitam o termo "vício". Infelizmente, não podemos negar o estigma ligado a qualquer tipo de comportamento aditivo. Você pode pensar que é fraco, moralmente degenerado ou simplesmente mau por lutar contra uma dependência. Entretanto, embora algumas pessoas o julguem de modo cruel por sua dificuldade, tenha em mente que você não *tem* que aceitar esse julgamento na íntegra ou sem descrédito.

Se você acha que pode ter um problema de dependência, mas não tem certeza, tente responder as questões a seguir. Esta breve lista de verificação pode ser usada tanto para dependência de substâncias quanto para comportamentos compulsivos, como jogo de azar e pornografia. Usamos o termo "droga de escolha" (ou DDE) nesta lista de verificação para que as perguntas façam sentido para qualquer tipo de problema. Tente responder cada questionamento de modo honesto; você não precisa compartilhar essas informações com outras pessoas neste momento.

- » Na última semana você perdeu tempo no trabalho por causa do uso da DDE?
- » Seu desempenho no trabalho está sofrendo em razão de se sentir para baixo, ressaca, falta de sono ou preocupação com a DDE?
- » Ao longo da última semana, você usou sua DDE mesmo tendo prometido a si mesmo que resistiria?
- » Suas finanças estão sofrendo em razão do gasto de dinheiro com sua DDE? Na última semana, você usou sua DDE em horas do dia que outros considerariam socialmente inadequadas ou inaceitáveis?

> Você acha muito difícil ficar por um dia (ou apenas alguns dias) sem usar sua DDE?

> Você fica irritado e/ou se sente para baixo quando é privado de sua DDE, por qualquer motivo?

> Atividades das quais você costumava gostar foram negligenciadas nas últimas semanas por causa do uso da DDE?

> Você sofreu ferimentos ou acidentes nas últimas semanas por cauda do uso da DDE?

> Seus amigos e/ou familiares comentaram sobre seu uso da DDE ou perceberam mudanças em seu comportamento?

> Você se esforça para esconder ou minimizar seu uso de DDE na frente de amigos e familiares?

> Você se sentiu claramente desconfortável ao responder as perguntas desta lista?

Se respondeu "sim" para pelo menos uma dessas perguntas, é provável que tenha um comportamento que esteja se transformando em dependência ou adição. Responder "sim" a três ou mais itens indica que você está viciado. Mas não se desespere! Reconhecer que tem um problema é parte essencial da solução definitiva.

Familiarizando-se com as Muitas Faces das Adições

Qualquer um pode desenvolver uma adição, sejam quais forem as circunstâncias ou o motivo. Determinados fatores de origem na infância, como ter pais alcoólicos ou experimentar provação social, aumentam as chances de desenvolver uma dependência; mas esse resultado não é de jeito algum inevitável. Muitas pessoas com carreira e família sólidas também estão sujeitas às adições; elas não são exclusividade dos que vivem em situações mais caóticas.

Com frequência, as pessoas começam a "automedicar" um problema mental subjacente, como ansiedade ou depressão, com álcool ou drogas, ou por meio de comportamentos como o jogo. O uso de substâncias e a adoção de comportamentos compulsivos (compras, jogo, pornografia, sexo e assim por diante) amenizam a dor emocional de maneira imediata ou a curto prazo. Entretanto, no longo termo, essas estratégias normalmente provocam muito mais problemas do que resolvem.

Acreditar que não será capaz de lidar com os estresses e dificuldades da vida sem se apoiar em seu comportamento aditivo também impede que você busque ajuda para o abandonar. A maioria das contrariedades da vida são, na verdade, muito mais fáceis de resolver quando estamos racionais e sóbrios. Provavelmente, você terá que enfrentar um período difícil assim que parar, é verdade, mas com tempo e esforço você redescobrirá estratégias de enfrentamento saudáveis e adotará novas.

Aceitando a Si Mesmo e Sua Adição

A adição, popularmente conhecida como vício, carrega um enorme estigma. Em vez de tirar conclusões genéricas e punitivas sobre a essência de seu caráter com base em sua adição, experimente um pouco de compaixão. Não estamos sugerindo que você se isente totalmente de culpa sobre qualquer que seja sua atitude para manter o problema, ou sobre os efeitos que ele pode ter naqueles a seu redor. Mas assumir responsabilidade pessoal por sua adição e ainda assim manter seu senso básico de autoestima é possível — embora isso requeira persistência.

Não importa o quanto seu problema pessoal seja extremo e intenso, você é mais do que sua adição. Como as adições moderadas a graves tendem a afetar todas as áreas de sua vida, pode ser fácil esquecer tudo que você era antes que sua dependência assumisse o controle. Provavelmente, você terá uma agradável surpresa ao redescobrir seus interesses, valores e personalidade depois que abandonar o hábito.

Decidindo pela Abstenção

Decidir se abster do uso de álcool, drogas ou comportamentos compulsivos é um passo enorme e difícil. Afinal, sua DDE tem sido uma de suas maiores (se não a maior) estratégias de enfrentamento por muito tempo. Assim como os exemplos de Kelly, Jack e Percy, mostrados anteriormente, você pode duvidar de sua capacidade de lidar com o estresse em sua vida sem uma ajudinha química. Do mesmo modo, a pornografia ou o jogo podem ser a única maneira que você conhece para relaxar e se distrair de suas preocupações diárias.

Você pode optar por diminuir o uso antes de decidir o abandonar completamente. Essa estratégia pode funcionar — mas, na verdade, talvez seja ainda mais difícil do que decidir por um período inicial de total abstinência. Muitas pessoas relatam que "parar depois de um" é muito mais difícil do que evitar a substância por completo. O mesmo é verdade para o jogo e os comportamentos relacionados. É difícil parar depois de começar.

Decidir parar envolve investigar os custos de sua adição e o que você pode ganhar por abandoná-lo. As seções seguintes ajudam você a computar os custos de sua adição e a colher as recompensas de sua reabilitação.

CUIDADO

A dependência é traiçoeira e poderosa. Você pode se pegar pensando "talvez meu problema não seja assim tão grave" após um período de abstinência, e ficar tentado a voltar a um uso moderado. Isso é raramente, muito raramente, possível — principalmente quando drogas e álcool estão envolvidos. Então, quando sua adição sussurrar em seu ouvido propostas tentadoras, permaneça forte.

Calculando os custos

Você pode não estar totalmente ciente do preço que está pagando para manter sua adição. Os efeitos do uso de drogas e álcool podem passar despercebidos para você. De modo consciente ou inconsciente, você pode estar negando, ignorando e minimizando o impacto negativo da dependência em sua vida. Às vezes, apenas depois de parar e pensar profundamente nisso é que você percebe a extensão completa do dano.

A Figura 10-1 mostra como Jack calculou os custos de suas adições.

Sendo honesto sobre os benefícios

Nada acabará com seus sentimentos negativos como sua DDE. Ela lhe dá o tão desejado alívio e gratificação imediatos. Infelizmente, ela também lhe traz muito sofrimento a longo prazo: ressacas, depressões, oscilações de humor, autodepreciação, preocupações financeiras e riscos à saúde. Que beleza! Então, sim, os benefícios de sua DDE são muito poderosos, mas muito efêmeros; os efeitos negativos da adição normalmente são muito mais duradouros. O problema é que, quando está tentando se recuperar de uma adição, os benefícios de curto prazo do abuso podem parecer muito atraentes e esconder os efeitos negativos em sua mente. Ser honesto consigo mesmo sobre a finalidade de seu comportamento é crucial; assim como investigar outras maneiras de obter benefícios semelhantes sem os custos tão altos. Ao longo do tempo, você pode desenvolver maior tolerância às emoções negativas e às dificuldades diárias sem precisar recorrer à adição.

Use o Formulário de Custos do Comportamento Aditivo para calcular os custos pessoais da própria adição. Enumere o maior número de custos que puder — não importa o tamanho. Quanto melhor você entender o impacto negativo de sua dependência, em todos os aspectos de sua vida, maior a chance de atingir seu objetivo de abandoná-lo. Reveja sua lista regularmente para manter sua motivação em alta.

Custos aos relacionamentos	Minha última namorada me deixou porque, segundo ela, eu colocava a cocaína antes dela. Eu quero me estabelecer e começar uma família logo, mas meu uso de drogas me impede de conhecer uma garota bacana. Muitos de meus amigos dizem que sou mal-humorado e difícil de conviver. Vejo menos meus velhos amigos e agora só costumo sair com pessoas do trabalho ou que também usem droga. Não arrumo tempo para visitar minha irmã ou meus pais há meses e estou perdendo o contato com eles. Sinto-me culpado sobre negligenciar minha família, pois estou muito ocupado bebendo e usando drogas.
Custos ao trabalho/carreira/estudo	Minha concentração no trabalho está diminuindo e estou preocupado que um dos meus chefes percebam que meu comportamento está um pouco estranho. Há uma política de "não tolerância" a drogas no trabalho e eu poderia ser demitido ou formalmente repreendido por usar cocaína. Eu planejo fazer alguns novos cursos de treinamento este ano, mas estou muito absorvido pela cocaína para agendá-los.
Custos à saúde física e emocional	Me sinto totalmente sem energia e bastante deprimido depois que passa o efeito da cocaína. Meu humor é muito instável. Minha alimentação é irregular e perdi bastante peso. Não vou mais à academia nem jogo tênis. Estou preocupada sobre que efeito a cocaína está tendo em minha saúde geral e com os danos em meu nariz.
Custos financeiros	Está me custando uma pequena fortuna. Com o dinheiro que eu gasto em cocaína e álcool, eu poderia sair de férias duas vezes este ano.
Custos sobre os interesses pessoais	Eu não faço mais nenhuma das coisas que costumava gostar. Não vejo os amigos com quem tenho muito em comum. Não cuido do meu apartamento muito bem e perdi o interesse em cozinhar. Estou vivendo dia após dia, de carreira em carreira, sem nenhum plano a longo prazo.

FIGURA 10-1: O formulário de Custos da adição de Jack.

Transformando Intenção em Ação

A intenção de abandonar um comportamento aditivo pode se estender por muito tempo. Você pode se ver adiando a ideia até que as condições "adequadas" aconteçam, ou até que se sinta "inspirado".

Por exemplo, você pode pensar "Assim que a pressão no trabalho diminuir, abandono a cocaína", "Quando conhecer alguém e quiser começar um relacionamento, eu paro de ver pornografia", ou, "Assim que recuperar dinheiro, paro de jogar de vez". Se esperar pelas condições ideais antes de largar a adição, poderá esperar tempo demais. Basicamente, você está apenas dando desculpas para si mesmo para continuar a mantendo.

Se você sabe que precisa e quer abandonar um comportamento aditivo, não tem muita escolha além de encarar o desafio independentemente do que esteja acontecendo em sua vida.

Marcando uma data

Não há tempo melhor que o presente. Experimente determinar uma data para parar. Quanto antes, melhor, pois ficará menos propenso a se permitir "despedidas" do comportamento aditivo, das quais pode se arrepender. Decida uma data para abandonar esse comportamento, idealmente dentro dos próximos cinco dias, e se programe para manter a promessa. Você pode até ficar ansioso para começar o desafio!

Atravessando os períodos de forte desejo

Ao abandonar qualquer tipo de adição, você enfrentará períodos de forte desejo. Às vezes eles são incômodos e fáceis de controlar, outras, podem parecer um monstro tentando o engolir. Para aumentar as chances de permanecer abstêmio, você precisa se preparar e esperar períodos de fissura muito intensa. A seguir, apresentamos algumas dicas que ajudam a lidar com eles:

» Conheça seus gatilhos. Certas propagandas, ambientes e até mesmo pessoas acionam os gatilhos da fissura. Sentimentos e eventos negativos também dificultam que você resista à sua DDE. Escreva uma lista de seus gatilhos, quando você sabe que está mais vulnerável a uma recaída, e planeje o que fazer (veja o próximo item).

> » Faça outra coisa. Uma das melhores maneiras de atravessar períodos de fissura é distrair sua mente. Embora seja mais fácil falar do que fazer, você consegue. Faça uma ligação, palavras cruzadas, dê banho no cachorro, saia para correr — faça qualquer coisa, menos ceder.
>
> » Seja grato. Como a maioria das pessoas utiliza o comportamento dependente para ajudar a esquecer suas angústias e dissabores, agradecer por aquilo que você tem pode ser uma excelente maneira de evitar recaídas. Concentre-se nas coisas positivas em sua vida e pense em como pode se beneficiar ainda mais.
>
> » Prepare-se. Sim, períodos de fissura são muito ruins, é verdade. Mas muitas coisas na vida são dolorosas, e você provavelmente lida muito bem com muitas delas em seu dia a dia. Seja compreensivo consigo mesmo, mas seja também firme. Você já é grande o bastante para aguentar a dor sem se esquivar de seu compromisso.

Quanto mais você experimentar períodos de desejo e conseguir resistir, mais confiante ficará em sua capacidade de se manter sóbrio. Você pode ficar orgulhoso de sua alta tolerância ao desconforto e se dar o merecido crédito pelo seu sucesso.

LEMBRE-SE

Momentos de fissura ou desejo intenso são normais! Abandonar a adição sem vivenciá-los seria decididamente estranho. Aceite esses momentos e não decida de modo equivocado que isso significa que você está fadado a perder a batalha! Fissuras não são um sinal de fraqueza; elas mostram que você está lutando e progredindo.

Aumentando o tempo entre a fissura e a ação

Um velho provérbio para lidar com a adição diz: "Coloque pelo menos meia hora entre você e seu dinheiro." Se seu comportamento dependente necessita de dinheiro para ser posto em prática, dificulte a recaída mantendo-se em estado de penúria voluntária. Se precisar ir ao caixa eletrônico antes de comprar bebidas ou cigarro, terá mais tempo para se convencer a não ter uma recaída. Livre-se dos seus cartões de crédito, para que não possa comprar pela internet. Trate a si mesmo como um adolescente que não tem autonomia para gastar seu dinheiro, porque não o faz com responsabilidade. Resumindo, proteja-se. Você não precisará fazer isso para sempre; mas, no início da reabilitação, dificultar ao máximo as recaídas é muito sensato.

Lidando com a privação

Quando a vida é especialmente cruel, e você está enfrentando muitas emoções desconfortáveis, ser privado de sua DDE pode parecer uma perda difícil. Você talvez deseje os supostos "bons e velhos dias" de volta, quando podia extravasar no álcool, drogas, jogo ou qualquer outra coisa. Acostumar-se a lidar sóbrio e de modo construtivo com o estresse e com as emoções negativas leva tempo. Seja paciente consigo mesmo, mas também seja firme. Se ceder à sua adição no primeiro sinal de desconforto, certamente não conseguirá a abandonar. Apresentamos abaixo algumas das emoções e condições mais comuns, que podem ser um verdadeiro desafio para a recuperação.

- » **Mágoa**
- » **Raiva**
- » **Recompensa**
- » **Depressão**
- » **Opressão**
- » **Estagnação**
- » **Autopiedade**

DICA

Você pode se recuperar de forma menos onerosa reduzindo sua propensão a experimentar emoções negativas nocivas. Veja o Capítulo 6 para saber mais sobre atitudes úteis para estimular emoções e comportamentos negativos saudáveis em resposta a eventos ruins.

> **NESTE CAPÍTULO**
> » Vivendo feliz com sua aparência
> » Fazendo melhorias saudáveis
> » Apreciando a si mesmo integralmente

Capítulo **11**

Transtornos de Imagem Corporal

Cuidar da saúde física e da aparência é natural e normal. Cuidar de si mesmo por meio de exercícios regulares, alimentação saudável e um bom cuidado pessoal faz parte de uma boa saúde mental. Entretanto, muitas pessoas dão muita importância a ter uma aparência atraente. A aparência pode se tornar a preocupação prioritária e levar você a um distúrbio emocional e/ou baixa autoestima.

Não dá para negar que a atratividade física tem um impacto sobre os outros. As primeiras impressões são normalmente baseadas em *uma combinação* entre aparência e comportamento. Os psicólogos definem o termo "imagem corporal" como o senso internalizado de sua aparência. Em muitos casos, as ideias que as pessoas têm sobre a aparência são mais ou menos precisas; em outros, são completamente desvirtuadas da realidade.

Fazendo as Pazes com o Espelho

"Espelho, espelho meu, existe alguém mais gordo, feio, sem graça, tolo e esquisito do que eu?" (Escolha a alternativa.) Esse refrão parece familiar? Seu relacionamento com o espelho é repleto de ansiedade e horror? Se a resposta é sim, bem-vindo ao clube — um clube bem grande. A insatisfação com a aparência pessoal é predominante no mundo ocidental (e vem se espalhando mundo afora). A gravidade dos problemas de imagem corporal varia de amena e irritante a severa e debilitante. Do lado mais ameno da escala, você apenas resmunga sobre sua aparência, mas ainda é capaz de ter uma vida satisfatória. Se seu problema de imagem corporal é mais extremo, porém, leva a depressão, baixa autoestima, isolamento social e transtornos complexos, como o Transtorno Dismórfico Corporal (TDC), anorexia e/ou bulimia.

ALERTA DE JARGÃO

TDC é um transtorno que envolve preocupação extrema com uma ou mais características físicas. As características percebidas por quem sofre de TDC como inaceitáveis ou anormais, em geral, não são perceptíveis para outras pessoas. Quem sofre de TDC normalmente exibe comportamentos obsessivos, como esconder áreas do corpo de que não gosta (com roupas ou maquiagem) e costuma se olhar no espelho o tempo todo para garantir que os defeitos percebidos ainda estão disfarçados (ou não pioraram de alguma maneira). Tanto homens quanto mulheres podem sofrer de TDC.

A anorexia nervosa é um transtorno alimentar caracterizado pelo medo intenso de engordar, ou até mesmo de ter um peso normal e saudável, acompanhado de extremos esforços para perder peso. Na maioria dos casos, a vítima acredita que tem uma aparência normal, mesmo que outras pessoas (incluindo médicos e terapeutas) insistam que está abaixo do peso. A anorexia afeta homens e mulheres igualmente, apesar da ideia errada de que é uma doença feminina. Normalmente, as vítimas de anorexia têm regras e rituais elaborados sobre a alimentação, que lhes permitem limitações na ingestão de calorias. Os esforços para perder peso incluem severas restrições alimentares, uso excessivo de laxantes, excesso de exercício e vômitos provocados após a ingestão de alimentos.

A bulimia nervosa é outro tipo de transtorno, mas a maioria das vítimas está dentro da faixa normal de peso. O transtorno é caracterizado por períodos de dietas, intercalados por acessos de compulsão. Normalmente, um indivíduo consome muito além da ingestão diária recomendada de calorias em apenas um episódio compulsivo. Depois da compulsão, a vítima tenta eliminar tudo por meio de indução ao vômito, uso de laxantes ou ambos. Assim como a anorexia, a bulimia também costuma ser identificada como um problema "exclusivamente feminino"; na realidade, porém, muitos homens desenvolvem bulimia.

Tenho um problema sério de imagem corporal?

Você acha que possui alguma característica física anormal, defeituosa ou feia? A característica pode estar em qualquer parte do seu corpo. Lembre-se de que sua percepção sobre ela é o que conta aqui, mesmo que os outros discordem. Considere suas respostas para estas questões:

1. **Algum amigo, familiar ou profissional de saúde lhe disse que suas preocupações sobre sua característica não têm fundamento e que não há nada de errado ou diferente sobre sua aparência?**

2. **Você continua a se estressar ou se preocupar com uma característica apesar de seus amigos, familiares e médicos lhe assegurarem o contrário?**

3. **Se somar todo o tempo em que você pensa, preocupa-se ou verifica a característica indesejada em um dia, equivale a uma hora (ou mais)?**

4. **Suas preocupações específicas sobre sua característica física o impedem de se socializar ou evitam que construa relacionamentos íntimos?**

Se sua resposta é sim para quatro das cinco perguntas anteriores, você pode ter algum grau de TDC. O tratamento de TCC específico para esse transtorno pode o ajudar. Um aconselhamento psiquiátrico profissional deve ser útil; discuta a questão com seu médico e peça uma indicação. Mesmo que pense que seus problemas estão no lado mais ameno do espectro, aconselhamos que seja precavido e procure a opinião médica mesmo assim.

Eu tenho transtorno alimentar?

Preocupações extremas sobre a imagem corporal podem resultar em transtornos alimentares, como anorexia ou bulimia. Responda estas perguntas para avaliar seus sentimentos em relação à comida, ganho ou perda de peso e autoimagem:

1. Você tem muito medo de ganhar peso, manter o peso ou que os outros pensem que você é gordo?

2. Você tenta monitorar rigorosamente o quanto você come (o tamanho da porção), que alimentos come (grupos de alimentos) ou as calorias que consome por dia?

3. Você fica estressado (deprimido ou agitado) se comer mais do que o planejado ou se consumir um alimento "proibido"?

4. Apesar de ter perdido peso, você se sente insatisfeito com seu manequim e está convencido de que precisa perder mais?

5. Você tenta esconder o fato de que está tentando perder peso dos seus amigos e familiares porque eles já declaram preocupação com seu baixo peso?

6. Você induz o vômito, bebe muita água ou bebidas dietéticas para se sentir satisfeito, usa laxantes ou se exercita compulsivamente para perder mais peso?

7. Você se preocupa com a comida e seu corpo? Acha que isso está sempre em sua cabeça? (Sonha com comida e que está comendo.)

8. Apesar dos seu esforços, às vezes você perde o controle e come compulsivamente? Esses ataques compulsivos podem envolver comer alimentos proibidos ou porções maiores do que normalmente se permite (e depois pode sentir intensa culpa e arrependimento).

9. Você tem certos rituais sobre alimentação, como: mastigar determinado número de vezes, cortar a comida em pedaços pequenos, consumir menos do que os outros a seu redor, comer em horários específicos ou querer comer escondido?

10. Você se pesa uma ou mais vezes por dia? Checa a proeminência dos ossos do seu quadril, joelhos e ombros diariamente? Avalia seu corpo com determinadas peças de roupa?

Se sua resposta é "sim" para cinco ou mais perguntas acima, você pode estar sofrendo de um transtorno alimentar ou em risco de desenvolver um. Converse com seu médico e peça a indicação de um psiquiatra para avaliação. Existem clínicas especializadas no tratamento de transtornos alimentares, e muitos terapeutas de TCC possuem conhecimento especializado sobre esse problema.

LEMBRE-SE

Use o espelho como uma ferramenta para arrumar os cabelos, se barbear, checar sua roupa ou se uma migalha do café do manhã grudou em seu bigode. Não o use como arma para se derrotar.

Problemas com sua imagem corporal

Você pode acabar enfrentando problemas com sua imagem corporal se sua intenção é ser igual aos modelos excepcionalmente bonitos das capas de revistas. Entretanto, culpar a mídia pela baixo autoestima é muito simplista. Grande parte de sua insatisfação crônica com sua aparência decorre de seus próprios pensamentos e comportamentos. Você pode ter hábitos de pensamento e comportamento causadores de imagem corporal negativa, dos quais nem você está totalmente ciente.

Pensamentos nocivos

Certos modos de pensar normalmente reforçam uma imagem corporal negativa:

- » **Fazer cobranças e criar regras rígidas sobre o modo como outras pessoas devem (ou não) julgar sua aparência**. "Eu não suportaria se alguém pensasse que sou sem graça ou gordo!" O medo de um julgamento físico negativo não está limitado aos membros do gênero pelo qual você se atrai. A maioria das pessoas também teme ser julgado como "feio" por amigos ou pessoas pelas quais elas não têm qualquer interesse romântico ou sexual. Pode ser difícil de acreditar, mas existem coisas piores no mundo do que ser julgado como fisicamente não atraente. A atração duradoura é baseada em muito mais do que a beleza convencional. Tente pensar em si mesmo como um todo e não apenas um conjunto de atributos físicos.

- » **Conectar seu amor-próprio à sua atratividade**. Se você tem uma imagem corporal negativa, pode automaticamente presumir que pessoas bonitas são superiores, têm mais direitos, merecem tratamento especial e levam vidas encantadas. Você se sente como um sapo esperando por um beijo. Nós todos temos um valor essencial como ser humano independente de nossa aparência. Seu valor não é ditado por sua atratividade. Você tem muito a contribuir para este mundo além de ser agradável para os olhos.

- » **Dar muita importância para a aparência física e subestimar outras características que contribuem para a atratividade geral, como a personalidade, os valores e o humor**. A beleza realmente é superficial. As pessoas que achamos mais atraentes não são necessariamente candidatas a supermodelos.

- **Superestimar o grau de avaliação e percepção de sua aparência por outras pessoas**. Se você sofre de imagem corporal muito negativa, pode presumir que qualquer pessoa que olha para você está pensando sobre como sua aparência é inadequada. Pode até presumir que ela sequer se interessa em o conhecer por causa de sua aparência. As pessoas normalmente estão bem menos interessadas em criticar sua aparência do que você imagina. Você pode atrair a atenção dos outros por inúmeras razões, e as pessoas podem estar olhando para você apenas por distração. Experimente ter em mente que sua insegurança sobre sua aparência provavelmente não é óbvia (ou sequer importante) para os outros.

- **Manter expectativas e padrões irreais para sua aparência física**. Há um limite sobre a melhoria e/ou mudança possível de fazer em sua aparência. Se você constantemente sonhar parecer uma modelo glamourosa ou estrela de cinema, acabará se sentindo cronicamente inadequada e insatisfeita. Aceitar sua aparência e fazer o melhor possível com aquilo que a natureza lhe deu é muito mais produtivo do que sonhar com ideais irreais e inatingíveis.

Comportamentos nocivos

Características comportamentais comuns associadas a uma imagem corporal nociva incluem o seguinte:

- **Comparar sua aparência física com a dos outros regulamente**. Você pode não estar ciente de quanto tempo gasta se comparando com os outros em termos de atratividade. Isso pode se tornar um hábito muito pernicioso e insidioso. "Meu bumbum é maior do que o dela?", "Pareço mais jovem que fulano?", "Sou tão estilosa quanto ela?", entre outros. Independentemente de fazer comparações positivas ou não com outro pobre e inocente, isso não faz bem algum para sua imagem corporal. Em vez disso, perpetua uma ideia potencialmente nociva de que a aparência é muito importante e inflama ainda mais sua preocupação com ela.

- **Arrumar-se demais antes de sair em público**. Garantir que esteja sempre super arrumado, mesmo para ir até a loja da esquina comprar pão, é um sinal claro de imagem corporal negativa (e/ou superestimação da importância da atratividade física).

- **Fazer dieta ou exercício constantemente para melhorar sua aparência**. A maioria de nós colhe benefícios para a saúde em decorrência de alimentação saudável e exercícios físicos mais regulares. Muitas pessoas, porém, vivem eternamente em dieta, esperando ganhar tônus muscular ou perder peso antes de se considerar "atraente" ou "digno de atenção". Aceitar a si mesmo como é agora, ao mesmo tempo que identifica as áreas que podem ser melhoradas, permite a você fazer mudanças para melhorar sua saúde e felicidade. Em vez de aspirar a alcançar ideais físicos ilusórios por meio de dietas malucas, opte por mudanças de estilo de vida a longo prazo.

- **Evitar expor o corpo, até mesmo para o parceiro ou parceira**. Se você realmente tem vergonha do corpo, pode ser que evite se olhar no espelho e se esforce ao máximo para impedir que os outros vejam suas imperfeições. Pode ficar relutante a usar traje de banho ou tirar a camisa em um dia quente na praia. Talvez você se recuse a se despir diante do parceiro e insista em diminuir a luz ao fazer amor. Esconder-se do olhar dos outros (mesmo das pessoas mais próximas) pode parecer fazer sentido no momento — você se sente menos constrangido. A longo prazo, porém, se esconder o mantém preso em um círculo de imagem corporal negativa crônica.

- **Buscar reafirmação**. Perguntar às pessoas se elas acham que você está gordo, magro, feio, esquisito e assim por diante pode se tornar um hábito. Talvez isso proporcione uma sensação boa a curto prazo, mas provavelmente suas inseguranças vão voltar bem rápido. Você ainda acaba ignorando as respostas positivas das pessoas e os elogios, pois pensa que "elas estão apenas sendo educadas". A busca constante por reafirmação é capaz de assumir outras formas, como se comparar a outras pessoas que acha piores que você. Isso é uma solução bastante efêmera para a imagem corporal negativa, pois o mantém focado em sua aparência.

Se você reconhece qualquer um desses comportamentos, pode ter problemas com sua imagem corporal. Com determinação, porém, será capaz de aceitar sua aparência e reconhecer que ela não define nada a seu respeito.

Aceitando a si mesmo

Em vez de aumentar a insatisfação com sua aparência pondo em prática os pensamentos e comportamentos descritos na seção anterior, desenvolva um pouco de autoaceitação. Aceitar-se como uma pessoa de valor e simultaneamente se esforçar para melhorar é totalmente possível — seja qual for sua aparência natural.

Vendo a si mesmo como uma pessoa inteira

Querido, você não é apenas um rostinho bonito! Existe uma pessoa inteira dentro desse recipiente físico conhecido como corpo. Sua apresentação externa é realmente apenas o canal para todos os seus atributos internos, sentimentos, ideias e reflexões; isto é, todas as suas facetas humanas. A aparência é apenas uma pequena e instantaneamente óbvia parte da conexão duradoura entre as pessoas.

Homenageando Seu Corpo pelos Serviços Prestados

Independentemente do que a sociedade, a mídia e a indústria da publicidade queiram lhe fazer acreditar (ou o que você pode pensar há anos), aparência não é tudo. Seu rosto e seu corpo não foram criados para fins estéticos.

Passar muito tempo se concentrando em sua aparência a ponto de ignorar completamente as outras funções de seu corpo e rosto não é incomum.

LEMBRE-SE

Não vivemos apenas para ser bonitos e sexualmente atraentes. Homens ou mulheres, somos seres ativos, vibrantes e em constante mudança. Todos temos habilidades, propósitos, valores e ideais que vão muito além da aparência.

Desfrutando as sensações

Seus cinco sentidos — visão, audição, olfato, paladar e tato — permitem que você sinta o mundo e experimente a vida.

Seus cinco sentidos são muito mais merecedores de sua estima e gratidão. Considere tudo que eles lhe permitem experimentar:

» **Dor**: Bem, dor não é algo que normalmente paramos para apreciar, mas é uma parte vital e inevitável da experiência humana. A dor física e emocional coloca você em contato com sua humanidade e pode lhe proporcionar oportunidades de aprender e crescer. Considere coração partido, sofrimento, desapontamento, dor de dente, comer pimenta, testemunhar um evento traumático, ouvir alguém que ama chorar, assistir a um filme ruim, fazer algo de que se arrependa, dar à luz ou cair do skate — há uma enorme gama de experiências proporcionadas pela dor.

» **Prazer**: Todos os seus cinco sentidos lhe oferecem uma fonte de prazeres. Aromas, gostos, visões, sons e sensações táteis agradáveis são associadas com todos os tipos de coisas, como ouvir música, cozinhar, fazer amor, exercitar-se, comer e beber, criar arte, ser abraçado, dar um abraço... a lista é infinita.

Dor e prazer, com frequência, sobrepõem-se para formar uma experiência humana plena. Alguns exemplos comuns incluem dar à luz, correr uma maratona, concluir um curso, terminar ou começar um relacionamento, ser operado, fazer fisioterapia, mudar de casa, mudar de emprego, sair da casa dos pais para morar sozinho e muitas, muitas mais.

Então, além de ser simplesmente uma criatura de beleza física (ou não), você também é uma criatura de experiências. Para construir uma melhor compreensão de si mesmo como uma pessoa completa, talvez seja necessário que você pense mais sobre seus sentidos e sua existência experimental e menos em quanto é atraente e belo.

Fazendo suas tarefas diárias

Com que frequência você realmente reserva um tempo para conscientemente apreciar tudo que seu corpo lhe permite fazer? Como a maioria de nós, você pode acabar menosprezando suas capacidades físicas. É provável que as pessoas com deficiências valorizem muito mais tudo que o corpo humano pode fazer do que aquelas que nunca enfrentaram nenhum desafio em suas capacidades físicas. Todos podemos nos beneficiar de maior atenção ao fato de que nossos corpos servem para muitas funções vitais. Novamente, muito além da aparência, seu corpo faz muito por você diariamente:

- » **Trabalho e carreira**: Seu corpo lhe permite buscar seus objetivos profissionais, ganhar seu sustento, aprender novas habilidades e conquistar novos conhecimentos.

- » **Cuidar da casa**: Ser capaz de cuidar do ambiente em que vive, fazer pequenos reparos e reformas, dirigir um veículo, lavar roupa, cuidar do jardim, jogar o lixo, cuidar dos seus filhos ou de outras pessoas em sua família, fazer compras, cozinhar, tirar o pó, passar o aspirador, passar roupa e — tudo mais.

- » **Cuidados pessoais**: Apenas o fato de ser capaz de cuidar de suas necessidades físicas e higiene pessoal é algo que devemos agradecer diariamente.

- » **Atividades altruístas**: Cuidar de quem precisa, ajudar um amigo, familiar ou vizinho são ações altruístas que podem o ajudar a se sentir bem internamente. Sem suas capacidades físicas, você não seria capaz de praticar outras atividades de crescimento. As pessoas não poderiam se beneficiar de sua ajuda, e você não poderia colher os benefícios de fazer o bem.

Avaliando seu veículo pela experiência

Você pode gastar muito tempo lamentando sua aparência a ponto de ignorar o fato de que sem seu invólucro físico (incluindo os supostos defeitos) você seria privado da... vida! Já falamos desse conceito ao longo deste capítulo; mas, correndo o risco de sermos repetitivos (e vale a pena repetir), você *precisa* de seu corpo para viver sua vida. Essa é a essência de tudo. Então, se acredita que preferiria estar morto do que viver em um veículo físico de aparência mediana ou menos que mediana, procure ajuda profissional. E dê um belo chacoalhão em sua cabeça.

Em vez de pensar exclusivamente no quanto você se acha ou não atraente, dedique um pouco de seus pensamentos a como vive. Seu corpo é o veículo através do qual você consegue:

» **Criar relações**: Estar em contato com os outros, seja de modo superficial, mais profundo ou íntimo, faz parte da experiência humana — e não está exclusivamente ligado a sua atratividade física.

» **Sentir emoções**: Sentimentos são fantásticos. Os positivos tendem a ser mais recompensadores do que os negativos, mas ambos são parte de viver uma vida plena e rica.

» **Fazer escolhas de vida**: É possível superar as adversidades, escolher seu emprego e sua profissão, criar uma família, viver de acordo com seus padrões e valores pessoais, além de apreciar o mundo a sua volta.

» **Buscar seus interesses**: Não é possível ir a um safári sem estar fisicamente na face da Terra, mas pode ir em um mesmo que não pareça uma estrela de cinema. Sair em um safári, aliás, é apenas um exemplo. Até mesmo visitar uma galeria de arte ou outra forma mais banal de uma atividade de que gosta é um uso válido de seu corpo fabuloso e longe de ser perfeito.

Ressaltando seu melhor

A decisão de mudar sua aparência pode ser movida pelo desejo de ser mais bonito. Mas há uma sutil, mas relevante, diferença entre ser motivado a mudar sua aparência para aumentar seu senso de valor e simplesmente para otimizar sua aparência. A primeira motivação sugere que você relaciona seu valor intrínseco com a aparência, o que pode provocar baixa autoestima e relações nocivas com o próprio corpo (como discutido anteriormente neste capítulo). A segunda motivação, porém, sugere que você se valoriza e, portanto, pode considerar melhorar sua aparência como parte do seu ritual de cuidado próprio. Para tornar essa distinção bem clara, analise esses dois exemplos de atitudes motivacionais a seguir.

Jenny tem quase 40 anos e começou a ter cabelos brancos prematuramente. Cheryl tem praticamente a mesma idade que Jenny e também está ficando grisalha. Ambas são mulheres de boa aparência e constituição física semelhante. Ambas têm cabelo preto, e os brancos aparecem muito, por isso decidiram pintar. Assim, não há muita diferença entre Jenny e Cheryl com relação a escolher pintar o cabelo. A diferença oculta é a motivação.

Jenny pensa: "Se eu pintar meu cabelo, posso ficar mais bonita, e as pessoas podem me achar mais atraente. Preciso da aprovação de outras pessoas para me sentir bem comigo mesma."

Cheryl pensa: "Estes cabelos brancos estão me envelhecendo, acho, e quero estar em minha melhor forma. Vou pintar meu cabelo para que ele reflita minha verdadeira idade. Eu me sinto mais satisfeita com minha aparência sem os cabelos brancos."

Jenny, ao contrário de Cheryl, acredita que precisa da aprovação das outras pessoas para se sentir bem sobre si mesma; para sentir que é uma pessoa de valor. Cheryl, por sua vez, foca a própria satisfação com sua aparência e não faz nenhuma ligação entre isso e seu senso de valor próprio. Cheryl também deixa as avaliações das outras pessoas sobre sua aparência totalmente fora da questão.

Use esse exemplo para ajudar a avaliar claramente sua motivação em fazer até mesmo pequenas mudanças físicas, como mudar a cor do cabelo ou usar lentes de contato. Tinja seu cabelo se quiser — mas experimente contestar os pensamentos nocivos, como o de Jenny, adotando o pensamento mais saudável de Cheryl. Faça mudanças pelos motivos certos!

NESTE CAPÍTULO

» Entendendo a depressão
» Identificando os padrões de pensamento e comportamento
» Reconhecendo e reduzindo a ruminação de pensamento

Capítulo 12
Vencendo a Depressão

As estatísticas indicam que uma a cada duas pessoas sofrerá de depressão em algum momento da vida. Felizmente, o problema é facilmente diagnosticado e tem tratamento.

Se, no último mês, você se sentiu para baixo, desanimado, pessimista ou desesperançado sobre o futuro, e perdeu o interesse ou o prazer de fazer coisas, pode estar sofrendo de depressão. Se você também tem apresentado dificuldade de concentração, pouco apetite, tem acordado cedo e sentido tristeza, pensamentos ansiosos ou emoções de medo ao acordar, então é ainda mais provável que esteja sofrendo de depressão. Se tem três ou mais desses sintomas, se eles estão presentes por duas ou mais semanas e são intensos o bastante para interferir em suas atividades diárias, recomendamos que procure um médico e investigue a possibilidade de estar sofrendo de depressão.

Antidepressivos podem ajudá-lo a aliviar alguns dos sintomas da depressão, embora nem toda pessoa diagnosticada com depressão precise tomar medicamentos. Dependendo da intensidade da depressão, o tratamento pela TCC pode ser suficiente para ajudá-lo a melhorar. A TCC para o tratamento da depressão é bastante pesquisada, e os resultados mostram que ela é eficaz. A TCC e os antidepressivos frequentemente são usados em conjunto para tratar tipos mais severos de depressão. Solicite a seu médico ou psiquiatra que lhe explique sobre sua medicação e os possíveis efeitos colaterais.

Entendendo a Natureza da Depressão

Especificamente, a depressão tem os seguintes sintomas, geralmente com duração de no mínimo duas semanas:

- » Variação no apetite, comendo muito menos ou mais (comer para se autoconfortar) do que o habitual.
- » Distúrbio de sono, incluindo dificuldade para dormir, vontade de dormir demais ou insônia na madrugada.
- » Dificuldade de concentração e problema de memória.
- » Irritabilidade.
- » Perda da libido.
- » Perda de interesse nas atividades das quais gostava antes. Praticar estas atividades não causa mais prazer.
- » Isolamento social e afastamento dos outros.
- » Negligência com a alimentação e a aparência.
- » Negligência nos cuidados com o ambiente em que vive.
- » Diminuição de motivação e níveis de atividade, geralmente descrita como letargia.
- » Sentimento de desesperança com relação ao futuro e pensamentos pessimistas, como "Qual é o motivo disso tudo?"

- » Pensamentos negativos e autodepreciativos.
- » Sentimento de culpa.
- » Incapacidade de vivenciar sentimentos de amor, geralmente descrita como perda da emoção ou sentimento de vazio.
- » Pensamentos suicidas, como sentir que já não importa viver ou morrer.

ALERTA DE JARGÃO

Outro tipo comum de depressão é o *Transtorno Afetivo Bipolar*, antigamente chamado de "depressão maníaca". Pessoas que têm transtorno bipolar passam por períodos de grave depressão, alternando com períodos de *hipomania* (sentimentos de euforia acompanhados de comportamento impulsivo e geralmente arriscado). Se você acha que tem esse transtorno, aconselhamos que busque a avaliação de um psiquiatra. Um profissional será capaz de prescrever a medicação apropriada e pode recomendá-lo a um terapeuta de TCC.

Analisando o que Alimenta a Depressão

A TCC ajuda os indivíduos a aprenderem a domar o humor depressivo e fazer o oposto do que a depressão faz com que eles acreditem *sentir vontade de fazer*. Eis algumas das principais ações e pensamentos que realmente perpetuam a depressão:

- » **Ruminação:** Ficar preso a um processo de pensamento negativo repetitivo e cíclico, constantemente revendo problemas do passado ou fazendo a si mesmo perguntas sem resposta. (Discutimos a ruminação em detalhes na próxima seção.)
- » **Pensamento negativo:** Quando envolvidos pela depressão, seus pensamentos negativos sobre si mesmo têm geralmente base nas crenças de que você é inútil e descartável. Pensamentos sobre o

mundo ser um lugar inseguro e desinteressante de se viver são características comuns da depressão.

» **Inatividade:** Falta de motivação para fazer as coisas do dia a dia, falta de participação nas atividades das quais costumava gostar, ficar na cama por achar que não é capaz de enfrentar o dia.

» **Isolamento social:** Evitar ver outras pessoas e não interagir com aqueles que estão a seu redor.

» **Procrastinação:** Evitar tarefas específicas, como pagar contas, marcar compromissos ou dar telefonemas, porque você acha que elas são muito difíceis ou amedrontadoras para ser enfrentadas.

» **Vergonha:** Sentir vergonha por estar em depressão, e por achar que os outros farão julgamentos sobre você se descobrirem o quanto sua eficiência e produtividade decaíram.

» **Culpa:** Sentir culpa por estar em depressão e superestimar o nível baixo de humor causa desconforto e sofrimento a quem você ama.

» **Desesperança:** Pensar que você nunca se sentirá melhor ou que sua situação nunca vai melhorar.

Muitas pessoas descobrem sentir-se melhor por terem feito alguma coisa, mesmo que não tenham sentido prazer pela interação social como costumavam sentir antes.

Indo e Vindo Dentro de Sua Cabeça

A *ruminação* é um processo circular de pensamento, no qual você revê os acontecimentos mais de uma vez, sem parar. Frequentemente, o foco é em quanto você se sentiu mal ou duvidar que pode se sentir de modo diferente ou melhor. Sua ruminação pode ainda manter o foco em achar a raiz de sua depressão, ou nos eventos que contribuíram para você se sentir deprimido. Você pode perguntar a si mesmo, milhares de vezes, coisas como:

> » Por que isto está acontecendo comigo?
>
> » O que eu podia ter feito para evitar que isso acontecesse?
>
> » Se pelo menos A, B ou C não tivessem acontecido, eu estaria bem.

A depressão faz com que as pessoas se sintam compelidas a ruminar pensamentos. De certa maneira, a ruminação é uma tentativa falha de resolver problemas. O efeito da ruminação é forte porque a depressão faz com que seu humor depressivo tente levá-lo para o fundo da razão por estar se sentindo mal. Mas a ruminação simplesmente não funciona: você acaba tentando resolver a questão percorrendo o mesmo caminho e procurando respostas dentro do problema. Você concentra sua atenção no quanto está deprimido, o que o leva a se sentir mais deprimido ainda.

Prestando atenção em si mesmo

A ruminação consome sua energia. Ela o irá absorver completamente. Pode parecer que você está simplesmente olhando para o nada, mas em sua mente os pensamentos começam a aumentar. A chave é saber quando você está entrando no processo de ruminação, assim pode direcionar seus passos para fora da ruminação.

Sinais de alerta iniciais da ruminação incluem:

> » **Inércia.** Você pode estar no meio de uma atividade e descobrir que parou de se mover e está submerso em algum pensamento. Por exemplo, você pode estar sentado na cama por vários minutos (ou muito mais tempo ainda!), quando na verdade sua intenção era a de ir tomar banho.
>
> » **Desânimo.** Fique atento aos momentos em que seu humor está muito baixo: quando isso acontece, você está mais propenso a abrir espaço para a ruminação. Muitas pessoas ruminam em determinados horários do dia mais do que em outros (embora possa ocorrer em qualquer momento).

- » **Diminuição do ritmo**. Você pode estar fazendo alguma coisa e então começar a se movimentar de maneira mais lenta, como fazer uma pausa no corredor do supermercado. Começa a diminuir o ritmo porque sua concentração está começando a ser direcionada para algum outro lugar.

- » **Tornar-se repetitivo.** Os mesmos velhos fluxos de pensamentos e questões dentro de sua mente, indo e vindo de novo. Você tem um frágil sentimento familiar de que essas perguntas vagas devem ser respondidas.

Capturando as ruminações antes que elas capturem você

Diversos truques diferentes o ajudam a parar o processo de ruminação. Tente alguns dos seguintes:

- » **Mantenha-se ocupado.** Talvez uma das estratégias mais eficientes seja manter corpo e mente ocupados com algo externo a você. Quando estamos vitalmente absorvidos em uma atividade, encontramos dificuldade em entregar-nos à ruminação. Esses tipos de atividades podem incluir fazer as tarefas domésticas com o rádio ligado, para manter sua atenção afastada de seus pensamentos, telefonar para alguém, acessar a internet, passear com os cães, e por aí vai.

- » **Faça exercícios físicos.** Exercícios aeróbicos de alto impacto exorcizam os processos de pensamentos ruminantes. Dê preferência aos exercícios durante o dia ou de manhã, porque fazer exercícios em um horário muito próximo da hora de dormir perturba seu sono.

- » **Passe um tempo fora de casa.** A ruminação é mais difícil quando você está fora de casa ou na companhia de outras pessoas. Se sabe que está mais vulnerável à ruminação em determinados horários do dia, certifique-se de programar atividades para esses horários.

- » **Liberte seus pensamentos.** Experimente se desprender de seus pensamentos negativos e simplesmente observá-los como imagens na tela de uma televisão. Não confronte seus pensamentos negativos, não os julgue ou tente responder a qualquer pergunta — apenas aceite a existência deles e permita que passem.

- » **Treine o redirecionamento de sua atenção.** Você pode alongar os músculos de sua atenção e deliberadamente se concentrar em coisas menos depressivas. Tente usar o *exercício de tarefa de concentração*, um método de percepção dos aspectos externos do ambiente que interrompe a ruminação com sucesso.

- » **Seja cético.** Seus pensamentos depressivos são sintomas da depressão, então tente encará-los com certa dose de descrença. Você pode resistir à vontade de ruminar os pensamentos ao decidir que eles não são nem verdadeiros nem importantes.

Transformando-se em Antidepressivo

Isolamento e inatividade são dois dos mais fundamentais *fatores perpetuadores* da depressão — eles o mantêm em um círculo vicioso de isolamento e tristeza. Por exemplo, para contra-atacar sentimentos de fadiga, você pode ficar (muito) tentado a permanecer mais tempo na cama. Infelizmente, isso significa mais inatividade e menos energia.

Se você sente vergonha por ser um "sem graça", por não ter o que dizer, ou se sente culpado por ser um fardo para seus amigos, guardar tudo para si mesmo parece o mais sensato a fazer. O problema é que, quanto menos você faz e menos pessoas o veem, menos prazer e satisfação tem na vida, menos apoio você recebe, e mais os seus problemas se acumulam e pesam em sua mente. Afastar-se das pessoas pode *parecer* a coisa certa a fazer quando se está para baixo. Você pode acreditar que não tem nada a oferecer aos outros. Pode até se sentir não merecedor da amizade e do amor das pessoas a sua volta. Entretanto, quanto mais age de acordo com essas ideias destrutivas, mais as reforça e se convence de que são verdadeiras. Seguir sua tendência depressiva para se isolar pode o levar à verdadeira solidão.

Enfrentando a inatividade

Um dos melhores jeitos de começar a superar a depressão é gradualmente se tornar mais ativo, retomar com regularidade o convívio social e começar a enfrentar obrigações diárias e outros problemas.

DICA

Use a atividade programada na Tabela 12-1 para começar a planejar cada dia com um equilíbrio realista de atividades e descanso. Aumente suas atividades gradualmente. Se você tem estado na cama por dias, sair dela e se sentar em uma cadeira é um grande passo na direção certa. Lembre-se: faça isso passo a passo. Usar o programa de atividades é incrivelmente simples, envolve apenas definir um tempo específico para cada atividade específica. Você pode fazer cópias do programa em branco da Tabela 12-1 e o preencher.

TABELA 12-1   **Programa de atividades**

	Segunda-feira	Terça-feira	Quarta-feira	Quinta-feira	Sexta-feira	Sábado	Domingo
6h–8h							
8h–10h							
10h–12h							
12h–14h							
14h–16h							
16h–18h							
18h–20h							
20h–22h							

Lidando com o aqui e o agora

Assim como os outros aspectos de suas atividades diárias e semanais, você precisa ser firme e sistemático em suas tentativas de lidar com problemas práticos, como pagar contas, escrever cartas e completar outras tarefas que podem se acumular se você for menos ativo.

Para começar, reserve um pouco de tempo cada dia para lidar com tarefas negligenciadas. Dividir seu tempo faz com que as coisas pareçam mais gerenciáveis. Tente os seguintes processos para resolver problemas:

1. Defina seu problema.

No topo de uma folha de papel, escreva as dificuldades com as quais está lutando. Por exemplo, você pode considerar como problemas:

- Relacionamentos.
- Isolamento.
- Interesses e hobbies.
- Trabalho e educação.
- Questões financeiras.
- Questões legais.
- Habitação.
- Saúde.

Aplique os seguintes passos para cada um dos problemas identificados. Você pode precisar fazer o passo 2 até o passo 5 em cada problema diferente.

2. Soluções que envolvem reflexão para seus problemas.

Escreva todas as soluções possíveis que conseguir imaginar. Leve em conta as seguintes perguntas para ajudar a gerar algumas soluções:

- Como você lidou com problemas similares no passado?
- Como outras pessoas lidaram com problemas similares?
- Como você acha que lidaria com o problema se não estivesse deprimido?
- Como você acha que outra pessoa abordaria esse problema?
- A quais recursos (como profissionais ou serviço voluntário) você tem acesso para ajudá-lo com seus problemas?

3. Avalie suas soluções.

Reveja sua lista de reflexões sobre problemas. Selecione algumas das soluções que parecem ser mais realistas, e liste os prós e contras de cada uma delas.

4. Teste a solução.

Com base em sua avaliação de prós e contras, escolha uma solução e a coloque em teste.

5. Revisão.

Depois de tentar uma solução, reveja o quanto ela ajudou a resolver o problema. Considere se precisa dar mais alguns passos para tentar outra solução, ou passar para outro problema.

Cuidando de si mesmo e do seu ambiente

Uma das características inconfundíveis da depressão é a negligência consigo mesmo e com o ambiente em que se vive, o que por sua vez o deixa mais deprimido.

Em vez de permitir que sua depressão reflita em sua aparência e na de seu lar, faça um esforço extra para melhorar o astral das coisas. Seu ambiente pode surtir um efeito impressionante no seu humor, tanto positivo quanto negativo.

Inclua, em sua programação, atividades como tomar banho, lavar roupa, arrumar e limpar a casa.

Tenha uma Boa Noite de Sono

Boa noite, durma bem e não deixe que os mosquitos o piquem!

O distúrbio do sono, de um tipo ou de outro, regularmente acompanha a depressão. Aqui seguem algumas dicas que você pode usar para ter uma noite de sono perfeita:

- » **Faça exercícios.** Não podemos negar os benefícios de fazer exercícios com regularidade. Exercício é bom para seu humor e para seu sono. Você pode se exercitar vigorosamente durante o dia, ou ainda durante as primeiras horas da manhã, para obter sua carga de *endorfina* (a química do "bem-estar" em seu cérebro). Se quiser fazer exercícios à noite, para ajudá-lo a relaxar e se desestressar, prefira os moderados e não muito próximo do seu horário de ir para a cama. Esteira ou uma corrida de bicicleta amena podem ser a opção ideal.

- » **Estabeleça um programa.** Acordar todos os dias no mesmo horário e evitar cochilos diurnos pode ajudá-lo a recuperar sua antiga rotina de sono. Dormir só um pouquinho pode ser bastante tentador, mas acaba interferindo no seu sono noturno e pode de fato prejudicar seu humor. Se você sabe que sente aquela vontade irresistível de fazer a sesta durante o período da tarde, faça planos para ficar longe de casa nesse horário. Mantenha-se ocupado para manter-se acordado.

» **Evite ficar deitado na cama quando estiver acordado.** Se você está com dificuldade para dormir, não fique rolando na cama. Levante e faça alguma coisa — de preferência, algo entediante, como separar roupas ou ler um livro sobre um tema que não lhe desperte interesse, beber algo morno e com pouca cafeína, como leite puro ou um achocolatado — até sentir que está preparado para ir dormir. Tente ficar de pé até suas pálpebras começarem a ficar pesadas. O mesmo se aplica se costuma acordar no meio da noite e perder o sono. Não fique na cama por mais de dez minutos tentando voltar a dormir. Levante-se e faça algumas das coisas citadas acima, e só volte para a cama quando estiver sonolento.

» **Fique atento para o consumo de cafeína e estimulantes.** Evite bebidas que contenham cafeína do meio da tarde até o final do dia. A cafeína pode ficar no seu organismo por muito tempo. Lembre-se de que tanto quanto o chá e o café muitas outras bebidas, como o achocolatado (embora não muito) e vários energéticos, contêm cafeína. Até mesmo chás de ervas contêm estimulantes, como o mate e o guaraná.

» **Estabeleça uma rotina para sua hora de ir para a cama.** Seguir o mesmo padrão de horário para ir para a cama auxiliará sua mente a perceber o tempo em que devem ser encerradas suas atividades naquele dia. Sua rotina pode incluir tomar um banho quente, ouvir uma programação tranquila no rádio, beber uma bebida morna e suave, ou o que mais puder funcionar para você. Às vezes, fazer um lanche pouco calórico e de fácil digestão antes de ir para a cama é uma boa ideia para prevenir distúrbio do sono associado à fome.

Agindo contra a Depressão

A terapia de aceitação e compromisso (TAC), fundada por Stephen Hayes, é uma das ramificações da terapia cognitiva. Basicamente, a TAC é uma nova abordagem para tratar a depressão, mas ainda é amplamente embasada nos princípios fundamentais da terapia cognitiva. A TAC difere da TCC padrão em alguns aspectos importantes.

A principal diferença é que, em vez de desafiar seus pensamentos negativos diretamente, você é encorajado a observá-los sem qualquer julgamento e deixar que desapareçam naturalmente.

Além de tolerar e observar sem julgar os pensamentos negativos, a TAC enfoca o comprometimento com os valores pessoais. De acordo com ela, pessoas que reconhecem seus valores (e procuram agir de acordo com eles) conseguem evitar a depressão.

Praticando a aceitação

O sentimento de depressão, e os pensamentos que o acompanham, são inegável e profundamente desagradáveis e indesejados. Nunca conhecemos alguém que tenha dito que escolheu se tornar deprimido. Com base na depressão, uma pessoa pode concluir que é infeliz, um pobre coitado ou uma pessoa essencialmente negativa. Mas descobrimos que esse é raramente o caso. Estar deprimido não é a mesma coisa de ter uma visão cínica e perversamente negativa do mundo em geral. Na verdade, normalmente é o oposto. Se você está deprimido, uma das coisas que parecem mais difíceis de aceitar é a transformação de ser uma pessoa positiva que curte a vida e passar a ser alguém que se sente definitivamente derrotada e desprovida de satisfação na vida. Pessoas deprimidas às vezes declaram sentir que não mais se reconhecem.

Como os sintomas da depressão frequentemente são tão contrários à sua concepção daquele que é seu temperamento natural, eles podem ser muito difíceis de aceitar. Não estamos sugerindo que você *aprenda* a ser deprimido — isso seria *loucura*. Mas isso pode ajudar a aceitar sua depressão pelo que ela é — uma doença. Felizmente, a depressão é normalmente temporária (mesmo que dure por muito tempo) e não é uma mudança de personalidade. Sua personalidade ainda está intacta; a depressão está apenas a mascarando. Inconscientemente, você pode estar se pressionando demais com cobranças do tipo "eu não devo me sentir assim", "isto é insuportável" ou "tenho que melhorar agora!" Cobranças como essas (embora compreensíveis) apenas reforçam seus sentimentos ruins e criam obstáculos maiores para a recuperação. Isso é o mesmo que bater a cabeça na parede. Experimente estes tipos de atitudes de aceitação:

- » "Odeio estar deprimido, mas infelizmente não sou imune à depressão."
- » "A depressão é muito difícil de suportar, mas vou tolerar estes sentimentos desagradáveis."
- » "Quero melhorar agora, mas não posso me obrigar a sair da depressão, então tenho que ser paciente e determinado."

Confie em sua capacidade para lidar com a situação, mesmo que sinta que não é capaz. Você está enfrentando; mas não é fácil.

> **NESTE CAPÍTULO**
>
> » Identificando problemas obsessivos
> » Controlando pensamentos intrusivos e desagradáveis
> » Enfrentando os medos e reduzindo os rituais
> » Diminuindo as preocupações com a saúde e a aparência

Capítulo 13
Superando as Obsessões

Este capítulo apresenta problemas obsessivos comuns e como combatê-los usando a TCC. Especificamente, este capítulo enfoca o Transtorno Obsessivo Compulsivo (TOC), a extrema preocupação com a saúde e o Transtorno Dismórfico Corporal (TDC). Esses problemas causam significativos níveis de estresse e de interferência no seu dia a dia. Entretanto, se você apresenta um ou mais desses transtornos, pode usar os princípios da TCC destacados neste capítulo para reduzir suas obsessões e preocupações. Se os sintomas forem mais severos, você também deve consultar um profissional para ajudá-lo, mas a essência dos princípios apresentados aqui pode ser muito útil.

Muitas pessoas apresentam algum grau de comportamento obsessivo, como conferir ou ordenar, que não interfere particularmente em suas vidas. Esse nível de problema é geralmente chamado de *subclínico*. No entanto, questões como o TOC são turbulentas e estressantes quando atingem um nível severo. Um relatório feito pela Organização Mundial de Saúde (OMS) afirma que pessoas com TOC podem vivenciar um impacto em suas vidas semelhante ao vivenciado pelas pessoas com AIDS.

Felizmente, os transtornos obsessivos estão sendo diagnosticados de maneira bem mais precisa do que antigamente. Problemas como o TOC estão agora entre os transtornos psiquiátricos. Esse aumento é provavelmente resultado do aumento de consciência e métodos de avaliação mais precisos. A TCC é reconhecida como tratamento psicológico eficaz para problemas obsessivos, e tem taxas de recaídas inferiores em comparação ao uso exclusivo de medicamentos.

Identificando e Entendendo os Problemas Obsessivos

Os problemas obsessivos estão entre os problemas emocionais e comportamentais mais incapacitantes e comuns. Pessoas com *problemas obsessivos* passam muitas horas do dia atormentadas por pensamentos desagradáveis, sentindo-se impelidas a fazer repetidamente rituais ou evitando certas situações.

LEMBRE-SE

Alguns níveis de obsessão são normais — por exemplo, mais da metade das pessoas tem algo que elas conferem mais do que o necessário, como se o sistema de segurança do gás foi fechado corretamente ou se as portas foram trancadas. Os problemas obsessivos têm suas raízes em experiências normais, mas certos comportamentos repetitivos (denominados rituais) e de evitação servem para piorar a frequência, a gravidade e a duração dessas obsessões. Quanto mais você tenta se livrar das dúvidas, mais elas tendem a permanecer em sua mente.

A seguir definimos os termos usuais das obsessões:

» Uma *obsessão* é um pensamento, imagem ou dúvida persistente e indesejada ou um impulso que aciona o estresse. As obsessões atingem o patamar de "problema psiquiátrico" quando causam níveis significantes de sofrimento, interferem em sua vida e duram mais de uma hora por dia.

» *Preocupação* significa deixar-se absorver por algo perturbador que está fixado em sua mente. Neste capítulo, concentramo-nos nas preocupações com a aparência e a saúde. As preocupações, geralmente, são resultado de sua concentração frequente em uma ideia (como "Estou seriamente doente", ou, "Causo repulsa nos outros") ou dúvida ("Tranquei as janelas?") que o perturba. As preocupações são similares às obsessões, no sentido de que ambas são taxadas de problemáticas quando causam sofrimento significativo, interferência em sua vida e, por último, quando duram mais de uma hora por dia.

» *Compulsões*, também chamadas de rituais, são as ações que você tem em reação às suas obsessões e preocupações, mas que particularmente não o ajudam. As compulsões podem ser comportamentos observáveis (como conferir coisas ou lavar as mãos) e podem ser efetuados em sua mente (como a repetição de uma frase em sua cabeça ou contar coisas). As compulsões geralmente são tentativas de se livrar de um pensamento, imagem, dúvida ou necessidade; uma tentativa de reduzir o perigo ou um desconforto.

» *Comportamentos de evitação* são as coisas que você faz para evitar o acionamento de sua obsessão ou preocupação. Seu comportamento de evitação pode ser evitar dirigir, visitar alguém no hospital ou ser visto sob luz forte.

Os rituais e os comportamentos de evitação são a essência dos problemas obsessivos. Some a eles o pensamento catastrófico, as emoções negativas e a atenção tendenciosa, e você terá a anatomia dos problemas obsessivos.

Entendendo o Transtorno Obsessivo Compulsivo (TOC)

De acordo com a Associação Americana de Psiquiatria, o TOC é:

> Um problema no qual a vítima é atormentada por obsessões ou compulsões, ou geralmente por ambas. [Eles experimentam] pensamentos, impulsos ou imagens indesejados recorrentes, que causam estresse exacerbado e que não são simplesmente preocupações excessivas sobre problemas reais da vida. A vítima faz tentativas de ignorar, suprimir e neutralizar as obsessões e as reconhece como produtos da própria mente.

Entres as obsessões comuns no TOC, listamos as seguintes:

- » Medo de contaminação.
- » Medo de acidentalmente causar mal a si mesmo e aos outros.
- » Preocupação com a ordem ou a simetria.
- » Obsessões religiosas, como, por exemplo, temer ofender a Deus.
- » Obsessões sexuais, como, por exemplo, temer ser pedófilo.
- » Medo de perder algo importante (como objetos, trabalho ou ideias).
- » Medo de se tornar violento ou agressivo.

Algumas compulsões frequentemente associadas ao TOC incluem:

- » Conferir (por exemplo, se a luz está apagada ou se a porta está fechada).
- » Limpar e lavar (seja você mesmo, os outros ou a casa).
- » Contar.

- » Repetir ações ou certas palavras, imagens ou números mentalmente.
- » Organizar ou fazer coisas com excesso de perfeição.
- » Acumular (guardar objetos, como jornais que não têm valor real, interesse ou utilidade).
- » Fazer listas.
- » Refazer ou repetir cenas, imagens ou ações mentalmente.

A incidência do TOC é estimada em 1% da população, com alguns estudos sugerindo uma porcentagem maior. A severidade e o impacto do TOC variam muito, e, em sua forma mais extrema, os indivíduos podem se tornar totalmente confinados em casa ou até mesmo reclusos. Por outro lado, a severidade dos sintomas pode crescer ou diminuir. A maioria das pessoas com TOC é ativa, tem relacionamentos e mantém empregos ou concluem os estudos, mas estão sob uma considerável pressão. Claramente, muitas pessoas podem reconhecer algum grau de preocupações excessivas e rituais destacados acima. A pergunta é o poder de escolha que têm para parar os rituais sem sofrimento, e o quanto o TOC interfere em sua vida.

Reconhecendo a ansiedade em relação à saúde

A Associação Americana de Psiquiatria define a ansiedade com a saúde como "preocupação com o medo de ter, ou a ideia de que tem, uma doença grave, baseada em uma má interpretação das sensações físicas". Essas preocupações podem:

- » Persistir apesar de avaliação médica e confirmação de terceiros.
- » Causar sofrimento significativo ou deficiência social, ocupacional ou em outras áreas de atuação.
- » Durar, no mínimo, seis meses.

Pessoas com preocupação excessiva com a saúde não conseguem interpretar corretamente suas sensações físicas. Exemplos de sensações comuns e interpretações errôneas incluem:

- » **Aceleração dos batimentos cardíacos:** "Vou ter uma doença cardíaca."
- » **Caroços sob a pele:** "Tenho câncer."
- » **Formigamento e vertigem:** "Tenho esclerose múltipla."
- » **Dor de cabeça:** "Devo estar com um tumor no cérebro."
- » **Todos os sintomas acima:** "Estou morrendo."

Algumas compulsões frequentemente associadas à ansiedade em relação à saúde:

- » Procurar ajuda médica para saber sobre a natureza das sensações físicas.
- » Procurar confirmação de terceiros.
- » Conferir as partes do corpo apalpando, apertando e tocando.
- » Conferir os sintomas em livros de medicina ou na internet.
- » Examinar a si mesmo em busca de sinais de doença.
- » Monitorar sensações físicas.
- » Buscar indícios de que sua sensação física está piorando.

Alguns comportamentos comuns de evitação associados com ansiedade em relação à saúde:

- » Evitar a leitura de textos relacionados à saúde em revistas ou na TV.
- » Evitar pensar ou falar sobre a morte.

> » Evitar o toque em partes do corpo.
> » Evitar expor partes do corpo.
> » Evitar fazer check-up no consultório médico.

Estima-se que a ansiedade com a saúde afete de 1% a 2% da população. Isso pode resultar em pessoas atormentadas pelo medo de terem doenças não diagnosticadas apropriadamente, ou ainda de que possam ficar doentes. Frequentes visitas ao médico não são incomuns quando a pessoa é influenciada pela ansiedade e pelo medo de que seria irresponsável não fazer um check-up. Isso pode, então, resultar em ainda mais preocupações sobre a possibilidade de estar doentes, e elas acabam sendo vistas como hipocondríacas. Essas pessoas se consultam com especialistas regularmente, tentando encontrar uma explicação sobre seus sintomas, ou evitam ir ao médico porque têm medo de descobrir que estão muito doentes. Já vimos muitas pessoas que acabaram muito machucadas por apalpar demais uma área do corpo, ou passar horas fazendo pesquisas, em uma tentativa desesperada de descobrir o que pode estar errado com elas.

Entendendo o Transtorno Dismórfico Corporal (TDC)

O TDC é definido pela Associação Americana de Psiquiatria como:

Uma preocupação com uma imperfeição física imaginária. Se uma mínima anomalia física existe, a preocupação da pessoa é imensa. A preocupação causa níveis clínicos significantes de sofrimento e/ou dificuldade de interação no meio social, ocupacional ou alguma outra área de atuação.

CUIDADO

Não confunda o TDC com transtorno alimentar, no qual uma pessoa restringe seu peso, come demais ou rejeita alimentos. Se você está muito preocupado com seu peso e sua forma, e tem dificuldades para fazer refeições regulares, consulte um médico para descobrir se tem ou não um transtorno alimentar. Se for esse o caso, você pode precisar de ajuda para gerenciar seus comportamentos alimentares, bem como sua preocupação com a aparência.

O foco das preocupações do TDC pode estar em qualquer parte do corpo, e com frequência afeta múltiplas áreas. O rosto é a área que mais causa preocupação, particularmente o nariz, a pele do rosto, olhos, dentes, lábios e queixo. Pessoas com TDC acreditam que uma ou mais de suas características físicas são muito pequenas ou muito grandes, que sua face é "desarmônica", fora de proporção, assimétrica, ou simplesmente é feia.

Algumas compulsões típicas associadas ao TDC incluem:

- Olhar e conferir a aparência em espelhos ou superfícies reflexivas.
- Evitar espelhos ou superfícies reflexivas.
- Perguntar às outras pessoas se é atraente ou o quanto é visível o "defeito" em sua aparência.
- Conferir suas características com frequentes toques ou medição.
- Camuflar certas características com roupas, enchimentos, corte de cabelo ou maquiagem.
- Tentar distrair os outros do suposto defeito usando joias ou acentuando outras partes do corpo.
- Procurar e testar frequentemente novos produtos de beleza para o rosto, os cabelos etc...
- Pesquisar ou buscar cirurgias plásticas.
- Fazer exercícios em excesso.
- Fazer uso abusivo de esteroides.

Alguns comportamentos de evitação em pessoas com TDC incluem:

- » Evitar situações sociais.
- » Evitar pessoas "atraentes".
- » Escolher cuidadosamente a iluminação em situações sociais ou diante de espelhos.
- » Posicionar-se cuidadosamente em frente (ou evitando) ao espelho.
- » Alterar a postura ou esconder falhas com a mão ou outros objetos.

Iniciado frequentemente na adolescência, o TDC afeta 1% da população e tem uma taxa relativamente alta de suicídio comparada a outros problemas, comprovando que o TDC é muito mais do que mera vaidade. O TDC afeta homens e mulheres igualmente. Os indivíduos podem passar diversas horas do dia se preocupando com sua aparência, talvez tenham até que acordar mais cedo para tratar da aparência, para que se sintam menos inaceitáveis.

Comportamentos Improdutivos

Os artifícios que os seres humanos usam para reduzir seu sofrimento em curto prazo frequentemente mantêm o problema ao longo do tempo — então, a solução se torna o problema! No caso dos transtornos obsessivos, comportamentos como evitar, conferir, lavar, procurar por afirmação, comparar, reajustar e repetir (apenas enumerando alguns exemplos) são mecanismos de perpetuação do problema.

A maioria dos clientes com quem trabalhamos o transtorno obsessivo concorda *racionalmente* que seus comportamentos perpetuam e agravam seus problemas, mas com muita frequência dizem: "Agora eu percebo o que você quis dizer realmente!" depois de realizar experimentos com esses comportamentos.

O primeiro passo é entender o conceito de perpetuar o problema. O próximo é verificar como seus comportamentos realmente afetam suas obsessões e sua preocupação, fazendo os experimentos.

Em um sentido mais amplo, você pode tentar dois tipos de testes com seu pensamento obsessivo:

> » *Reduzir* (ou parar) um ritual em particular e ver o quanto isso afeta a frequência, a intensidade e a duração de seus pensamentos preocupantes.
>
> » *Aumentar* o ritual ou a evitação por um dia e ver qual efeito é causado sobre a frequência, intensidade e duração de seus pensamentos preocupantes.

Aumentar o ritual ou a evitação é, geralmente, mais fácil de ser feito em curto prazo e frequentemente produz resultados com maior rapidez.

Adotando Atitudes Antiobsessivas

A pesquisa e a observação clínicas mostram que um determinado número de estilos de pensamento está relacionado ao desenvolvimento dos problemas obsessivos. Felizmente, você também pode usar o pensamento para combater problemas obsessivos. As próximas seções oferecem meios alternativos que o ajudam a combater seu problema obsessivo.

Tolere a dúvida e a incerteza

Nas nossas e nas experiências de outros terapeutas, a principal reclamação dos clientes sobre parar com os rituais ou a evitação varia em torno da questão: "Como você pode me garantir que o que eu temo não acontecerá?"

A verdade é que, claro, não podemos garantir isso. Mas ninguém que não tenha problemas obsessivos pode ter esse tipo de garantia também, então o problema definitivamente não é a falta de certeza. Oferecemos um tipo diferente de garantia, entretanto: quanto mais você continuar exigindo garantia ou certeza de que seus medos não se tornarão realidade, mais propício estará de desenvolver um problema obsessivo.

Em vez disso, pratique *consistente* e *repetidamente* a tolerância à dúvida e à incerteza sem recomeçar a conferir, lavar, procurar reafirmação ou qualquer outra coisa que costume fazer compulsivamente. Seus rituais apenas alimentam sua crença de que necessita de certeza. Inicialmente, ficar com dúvida pode causar desconforto; mas, se você se mantiver fiel a essa atitude, sua ansiedade vai diminuir. Procure deliberadamente gatilhos que acionem a dúvida e experimente resistir ao impulso de dar continuidade aos rituais, à procura de reafirmação ou de ficar trabalhando coisas em sua mente.

Confie em seu julgamento

Na tentativa de explicar por que os indivíduos com problemas obsessivos conferem muito mais as coisas do que aqueles que não têm esse problema, os cientistas exploraram a hipótese de que pessoas com TOC tenham memória fraca. O raciocínio aqui seria, talvez, de que pessoas com TOC conferem e procuram reafirmação porque não conseguem se lembrar de maneira apropriada. Os cientistas, de fato, descobriram algo importante: pessoas com problemas obsessivos não têm memória deficiente. O que elas têm, entretanto, é pouca confiança em sua memória.

A pouca confiança que alguém tem na memória pode estar relacionada a exigências infundadas de certeza, porque não importa o número de conferências que se faça, a dúvida continua em sua mente.

A melhor coisa que você pode fazer para aumentar a confiança em sua memória é agir como se fosse mais confiante e eliminar os rituais. Agir consistente e repetidamente dessa maneira aos poucos vai ajudá-lo a aumentar sua confiança.

Trate seus pensamentos como nada mais do que pensamentos

Um dos principais erros da mente é superestimar a importância das dúvidas, pensamentos e imagens intrusivas que ocorrem naturalmente. Especialistas em TOC têm mostrado que as três principais interpretações equivocadas que contribuem para os problemas obsessivos são as seguintes:

- » **A interpretação equivocada da probabilidade:** A ideia de que ter um pensamento sobre um evento em sua cabeça afeta a probabilidade de ele ocorrer. Por exemplo: "Se eu permitir me imaginar fazendo mal a alguém, então é mais provável que eu realmente faça isso."

- » **A interpretação equivocada da moral:** A ideia de um pensamento desagradável entrando em sua cabeça revela algo desagradável sobre você mesmo. Por exemplo: "Ter pensamentos sobre causar mal a alguém significa que sou uma pessoa má e perigosa."

- » **A interpretação equivocada da responsabilidade:** A ideia de que ter um pensamento sobre um evento significa que tem responsabilidade por ele estar acontecendo ou por impedi-lo de acontecer. Por exemplo: "Imaginar a mim mesmo doente em uma cama de hospital significa que devo prestar mais atenção aos sinais de doenças."

Use critérios externos e práticos

A diferença crucial entre pessoas com e sem problemas obsessivos deve-se aos critérios que usam para decidir quando parar um determinado comportamento. Pessoas sem problemas obsessivos tendem a usar observações externas, ou critérios práticos, para avaliar situações e tomar decisões.

Em contrapartida, pessoas com problemas obsessivos tendem a usar critérios internos — como, por exemplo, sentir-se "bem", "melhor" ou "confortável" — para tomar decisões. Aqui seguem dois exemplos de critérios internos com alternativas externas:

- » Uma pessoa com TOC de contaminação pode lavar as mãos até que *sinta* que suas mãos estão limpas o suficiente. Alguém sem esse problema tende a parar de lavar as mãos quando vê que estão limpas ou depois de executar sua rotina rápida e conveniente de higienização.

- » Uma pessoa com TDC pode pentear seu cabelo para tentar reduzir seu sentimento de ansiedade e para se *sentir intimamente satisfeita* com sua aparência. Alguém sem preocupações excessivas para de arrumar o cabelo quando ele parece *exatamente como de costume* ou simplesmente quando não está despenteado.

Lute para usar critérios "externos" ao decidir quando parar uma atividade. Em vez de parar quando se sentir confortável, obrigue-se a parar de lavar as mãos ou de arrumar o cabelo antes de se sentir confortável. Fazer essa mudança ajuda e reforça o fato de que seus critérios para parar os rituais são o problema, e prova que seu desconforto e sua ansiedade podem diminuir espontaneamente. O mais importante é que essa técnica também pode mostrar que você é capaz de tolerar o desconforto de resistir a seus rituais.

Permita que sua mente e seu corpo ajam naturalmente

O controle completo sobre seus pensamentos e seu corpo é:

- » **Impossível:** Ninguém tem o controle, nem mesmo os mais treinados médicos, atletas, monges ou psicólogos!

- » **Contraproducente:** Tentar ter o controle completo dos seus pensamentos resulta em mais pensamentos e sensações dos quais você está tentando se livrar. O resultado é a sensação de ter menos controle ainda.

> » **Indesejável:** Ser capaz de escolher completamente os pensamentos que entram em sua mente coloca uma barreira para qualquer solução original e criativa para o problema. Ser capaz de ter controle sobre seu corpo quase certamente resultaria em morte — até porque, você realmente saberia como fazer seu corpo funcionar?

Permitir que seu corpo e sua mente funcionem no piloto automático é muito mais fácil e produtivo do que tentar controlar seus pensamentos e sensações físicas.

Normalize as sensações físicas e as imperfeições

Problemas obsessivos, como o TOC, o TDC e a ansiedade relacionada à saúde podem levá-lo a se concentrar demais em seus pensamentos, sensações físicas e mínimas imperfeições físicas, levando-o à dar indevida importância e significado a essas questões.

> » A ansiedade com relação à saúde leva você a atribuir mais importância do que deve a sensações físicas normais.
>
> » O TOC faz com que você atribua muito significado aos pensamentos que invadem sua mente.
>
> » O TDC faz com que você atribua muita importância à sua aparência.

Enfrente Seus Problemas

Na TCC, enfrentar seus medos e resistir ao impulso de levar adiante compulsões é chamado de *exposição e prevenção de resposta*. Esse termo tem dois componentes importantes:

> **Exposição:** Deliberadamente enfrentar lugares, pessoas, situações, substâncias, objetos, pensamentos, dúvidas, impulsos e imagens que acionam seus sentimentos de ansiedade e desconforto.

> **Prevenção de resposta:** Reduzir e parar os rituais e qualquer outra precaução de segurança que você adote.

Para reduzir ou potencialmente parar sua dependência de rituais, você deve confrontar suas obsessões de maneira decisiva. Para alcançar isso, é necessário melhorar sua tolerância à dúvida, permitir o ir e vir de pensamentos e imagens em sua mente, e ser realista com relação à sua responsabilidade. E é claro que você precisa praticar essas habilidades!

Seu progresso pode ser mais rápido se você *deliberadamente* desativar seus pensamentos preocupantes e a ansiedade de modo regular e consistente.

Resista! Resista! Resista!

Para superar um problema obsessivo, você deve criar uma lista dos seus principais medos, assim como de seus rituais e comportamentos de segurança típicos.

Manter um registro diário da frequência dos rituais que quer reduzir ajuda a manter e acompanhar seu progresso e a motivá-lo a continuar reduzindo a frequência dos rituais. Você pode registrar a frequência em um caderno ou adquirir um "contador" (um contador eletrônico manual, que adiciona um número à contagem cada vez que você aperta o botão) em uma papelaria.

Quando sua lista estiver pronta, você precisa se expor sistematicamente a seus principais medos, enquanto simultaneamente reduz e abandona os rituais e comportamentos de segurança.

Adiando e modificando os rituais

Adiar ou modificar um ritual pode ser também um mecanismo útil para abandoná-lo completamente:

> » **Adiando rituais.** Se acha difícil abandonar os rituais, comece por adiá-los por alguns minutos. Gradualmente, aumente o tempo do adiamento até que consiga resistir ao ritual o bastante para sua ansiedade se reduzir naturalmente.
>
> » **Modificando os rituais.** Se você ainda não consegue parar o ritual por completo, modifique-o, permita-se usar uma versão mais curta. Por exemplo, se normalmente passa o aspirador de pó em cada canto da sala, tente passá-lo somente nas áreas visíveis, sem mover móveis ou objetos.

Se planeja parar um ritual específico, mas acaba fazendo-o mesmo assim, *se exponha novamente* em vez de deixar o problema obsessivo levar a melhor. Por exemplo, se tem medo de contaminação, toque o chão e se exponha mais uma vez depois de lavar as mãos.

Treinando sua atenção

Se você pensa que está preocupado com sua aparência, saúde ou de ser responsável por algum mal que possa vir a acontecer a si mesmo ou aos outros *porque você se concentra demais nisso*, tente criar um equilíbrio desviando sua atenção para outro lugar.

NESTE CAPÍTULO

» Entendendo a baixa autoestima
» Valorizando os princípios da autoaceitação
» Reforçando sua autoaceitação
» Dissipando os mitos sobre a prática da autoaceitação

Capítulo 14
Superando a Baixa Autoestima

Sentimentos perturbadores, como depressão, ansiedade, vergonha, culpa, raiva, inveja e ciúme têm suas raízes na baixa apreciação de si mesmo. Se você tende a experimentar esses sentimentos, pode ter um problema com sua autoestima. Você pode supor que todo seu valor é um espelho de suas realizações, vida amorosa, status social, atratividade ou talento com as finanças. Se relacionar seu valor com essas condições temporárias e por alguma razão elas diminuírem, sua autoestima será abalada também. Alternativamente, você pode ter uma visão turva de si mesmo: não importa o quanto as condições mencionadas acima sejam favoráveis, sua autoestima é cronicamente baixa. Seja qual for o caso, você pode seguir a filosofia da autoaceitação descrita neste capítulo, o que melhora significativamente sua atitude em relação a si mesmo.

Problemas de Autoestima

Implícita no conceito de autoestima está a noção de *estimar*, ou avaliar e medir, seu valor. Se você tem alta autoestima, então a medida de seu valor ou de sua importância é alta. Em contrapartida, se tem baixa autoestima, a estimativa de seu valor é baixa.

Condenar a si mesmo de modo global é uma hipergeneralização, conhecida como *rotulação* ou *autodepreciação*. Esse erro de pensamento cria a baixa autoestima. Rotular a si mesmo faz com que se sinta pior e pode levar a ações contraproducentes, como a fuga, o isolamento, os rituais, a procrastinação e o perfeccionismo, para citar apenas algumas.

Exemplos de rotulação ou autodepreciação incluem afirmações como as seguintes:

Eu sou repugnante	Eu sou inadequado	Eu sou incompetente
Eu sou um fracasso	Eu não sou bom o bastante	Eu não tenho importância
Eu sou burro	Eu sou mau	Eu sou patético
Eu sou inferior	Eu não sou digno de ser amado	Eu sou fraco
Eu sou inútil	Eu sou imprestável	Eu não sou bom
Eu não tenho valor	Eu sou defeituoso	Eu sou um perdedor

Quando medimos nosso valor com base em um ou mais fatores externos, ficamos propensos a enfrentar oscilações de humor e de autoestima, porque a vida está em constante mudança.

Desenvolvendo a Autoestima

A autoaceitação é uma alternativa para impulsionar sua autoestima e confrontar o problema, abolindo a autoavaliação. Se você não tem uma forte crença de que seu valor é *intrínseco*, ou incorporado, pode ter dificuldade para concluir que tem algum valor quando as coisas não forem bem para você.

ALERTA DE JARGÃO

Autoaceitação incondicional significa desconectar sua avaliação de si mesmo de "medidas" e "avaliações" externas do seu valor como pessoa. No final, você pode se tornar menos propenso a se considerar falho ou inadequado com base nos fracassos ou desaprovações, porque verá a si mesmo como um ser humano passível de falhas e cujo valor se mantém mais ou menos constante.

A autoaceitação envolve fazer as seguintes considerações:

- » Como um ser humano, você é um indivíduo único e multifacetado.
- » Você está em eterna mudança e desenvolvimento.
- » Você pode ser capaz, até certo grau, de medir alguns aspectos específicos sobre si mesmo (como sua altura), mas nunca poderá medir tudo o que você é porque é complexo demais e está sempre mudando.
- » Os seres humanos, pela própria natureza, são falíveis e imperfeitos.
- » Por extensão, como você é um indivíduo complexo, único e está em constante mudança, não pode ser legitimamente avaliado ou medido por inteiro.

A seguir, estão os princípios da autoaceitação. Leia, releia, pense neles e os coloque em prática no seu dia a dia, para aprimorar significativamente sua autoaceitação. Os princípios são o senso comum, mas deixamos para que você decida o quão "comum" é esse tipo de bom senso. Os princípios são derivados dos métodos de pensamento racional (autoajuda) desenvolvidos por Albert Ellis e Windy Dryden.

Você tem valor porque é humano

Albert Ellis, fundador da Terapia Comportamental Racional Emotiva — uma das primeiras abordagens da TCC — afirma que *todos os seres humanos* têm um valor *extrínseco* para os outros e um *intrínseco* para si mesmos. Mas facilmente confundimos os dois e nos classificamos como "valiosos" ou "bons" com base no que supomos ser o nosso valor para os outros. Nós, humanos, muito facilmente permitimos que nosso valor fique à mercê de opiniões e julgamentos alheios. Muitos terapeutas cognitivo-comportamentais (e também outros tipos de psicoterapeutas) mantém o valor implícito de um ser humano no centro de sua perspectiva.

Aprecie o fato de ser complexo demais

Você pode estar erroneamente definindo seu valor integral — ou até mesmo todo o seu "eu" — com base em suas partes individuais. Isso é inútil, porque seres humanos são criaturas em constante mutação, são dinâmicos, falíveis e complexos.

Os seres humanos têm a capacidade de corrigir os comportamentos menos desejados e de maximizar os mais desejados. Você tem a habilidade distinta de batalhar pelo autoaprimoramento, para maximizar seu potencial e aprender com as histórias, erros, realizações suas e dos outros, também. Em suma, você tem a capacidade de desenvolver a habilidade de aceitar a si mesmo como é, ao mesmo tempo que se esforça para se aprimorar se for essa sua escolha.

Não rotule

A autoaceitação significa decidir resistir totalmente ao ímpeto de rotular a si mesmo, e ainda internalizar a ideia de que colocar rótulos é inapropriado para a condição humana. Por exemplo:

- » Você mentiu para um amigo uma vez. Isso faz de você um mentiroso completo para sempre?
- » Você fumava, mas abandonou o vício. Você ainda é fumante porque já fumou um dia?
- » Você falhou em uma ou mais tarefas importantes para você. Pode afirmar com legitimidade que é um completo fracasso?
- » Seguindo a mesma linha, se tem sucesso com a realização de uma tarefa, agora você é um eterno vencedor?

Como pode perceber com esses exemplos, basear sua autoestima em um incidente, uma ação ou uma experiência é uma péssima hipergeneralização.

Acredite que você é mais do que a soma de algumas de suas partes

Quando você se avalia por *inteiro* com base em uma característica, pensamento, ação ou intenção, comete o erro de pensar que uma única parte se iguala ao todo.

Seguindo pelo mesmo raciocínio, considere uma tapeçaria finamente tecida, composta por diversas texturas, cores e padrões. Nessa tapeçaria você pode encontrar uma ou mais falhas, onde as cores não se encontram ou os padrões parecem levemente fora de sintonia. As falhas nos pequenos detalhes não comprometem o valor da obra toda.

EXPERIMENTE

Pegue um bloco de notas adesivas e uma superfície larga e plana. Uma parede ou uma porta serve — ou pergunte a um amigo se ele tem alguns minutos sobrando. Escreva em cada uma das notas uma característica que você, como toda pessoa, tem; depois, fixe a nota na parede ou na porta. Continue fazendo isso, escrevendo todos os aspectos de você mesmo em que conseguir pensar até que não consiga se lembrar de mais nenhum ou que acabe o bloco de notas. Agora dê um passo para trás e admire, em sua ilustração, sua complexidade como ser humano. Avalie o fato de que não pode ser legitimamente rotulado de maneira global.

Reconheça sua natureza mutável

Como ser humano, sua natureza é ser uma pessoa em constante mudança. Mesmo que meça todas as suas características pessoais hoje e surja com um rótulo total sobre si mesmo, amanhã ele estará errado. Por quê? Porque a cada dia você muda um pouco, amadurece levemente e reúne algumas novas experiências.

Considere a si mesmo como um trabalho em progresso e tente manter uma atitude *flexível* em relação a si mesmo. Cada habilidade que adquire ou cada interesse que desenvolve produz efetivamente uma mudança dentro de você. Cada dificuldade que enfrenta, cada momento bom que lhe acontece e cada ocorrência que suporta causa desenvolvimento, adaptação e crescimento para você.

Aceite sua natureza imperfeita

Lamentamos se somos nós os escolhidos para lhe dizer isso, mas os seres humanos são falíveis e imperfeitos. Você pode ser um impressionante produto da evolução, mas essencialmente é apenas o animal mais esperto do planeta. Mesmo que acredite ser a criação de uma entidade divina, realmente acredita que o plano era atingir a perfeição? Talvez ser complexo, diferente e com uma tendência interna para cometer erros seja tudo parte do plano. Quando as pessoas dizem "Você é apenas humano", elas têm um bom argumento: nunca, jamais, você poderá deixar de ser falível ou parar de cometer erros. Assim como ninguém pode. É simplesmente a maneira como fomos feitos.

Durante o processo de autoaceitação, você pode sentir tristeza, desapontamento ou remorso por suas mancadas. Essas emoções negativas saudáveis podem ser desconfortáveis, mas geralmente levam a comportamentos benéficos, corretivos e adaptativos. A autocondenação e a autodepreciação, por outro lado, tendem a levar a emoções negativas muito intensas, como depressão, mágoa, culpa e vergonha. E, dessa forma, você estará mais propenso a adotar comportamentos derrotistas e que comprometem a habilidade de adaptação, como a fuga ou a desistência.

Valorize o ser único que você é

Quem você conhece que é exatamente — sim, queremos dizer *exatamente* — como você? A resposta correta é ninguém, porque o clone humano ainda não foi realmente testado. Então, você é, de fato, único — assim como todo mundo!

Você é o único dono das próprias e pequenas particularidades. Aprenda a rir disso, porque os erros e os momentos difíceis continuarão acontecendo, quer você queira ou não.

Levar a si mesmo muito a sério não é uma tática adequada para ter uma boa saúde mental. Sua imperfeição humana individual pode ser tanto divertida quanto esclarecedora. Pense nos programas e filmes humorísticos. A maior parte do que faz esses shows engraçados é a maneira como os personagens *se comportam*, os erros e as gafes que cometem, o físico, suas peculiaridades, e assim por diante. Quando você ri desses personagens, não está sendo maldoso — apenas está reconhecendo algumas semelhanças entre você e toda a experiência humana neles. Além do mais, você não tende a rebaixar esses personagens com base nos erros deles. Dê a si mesmo uma chance de ter o benefício da dúvida. Aceitar a existência de seus defeitos o ajuda a entender as próprias limitações e identificar as áreas que pode querer marcar como alvo para futuras mudanças.

Por exemplo, temos algumas peculiaridades que tentamos aceitar, e até mesmo celebrar, como únicas. Rob não tem nenhum senso de direção, o que faz com que se perca em um estacionamento vazio por horas; acredite quando dizemos que não há mapa ou GPS que o ajude. Às vezes ficamos imaginando se ele sequer saber onde mora. Rhena tem uma pronúncia própria e especial para diversas palavras (ou seja, uma pronúncia errada). Esses são apenas dois de nossos pontos fracos que estamos dispostos a admitir por escrito!

Use a autoaceitação para auxiliar no seu aprimoramento

A autoaceitação leva a respostas emocionais saudáveis e *apropriadas* para experiências adversas. Esse tipo de resposta emocional tende a levar a comportamentos funcionais e *adaptativos*. A autodepreciação, por outro lado, leva a respostas emocionais nocivas e inapropriadas, as quais em consequência tendem a produzir comportamentos improdutivos ou *destrutivos*.

LEMBRE-SE

Geralmente, seus fracassos e erros não são tão importantes e terríveis como você pensa que são. Na maior parte do tempo, seus fracassos significam muito mais para você do que para os outros.

Aceitação não significa desistência

DICA

A resignação requer pouco ou nenhum esforço, mas a autoaceitação envolve muito esforço pessoal.

» **Alta Tolerância à Frustração (ATF)** é a habilidade de tolerar o desconforto e fazer esforço dobrado a curto prazo, no intuito de alcançar uma meta específica *a longo prazo*. Na reação B, no exemplo da entrevista de emprego, Wendy aceita a si mesma e mantém uma atitude de ATF. Ela está preparada para fazer o que for necessário para atingir sua meta, que é conseguir um emprego.

» **Baixa Tolerância à Frustração (BTF)** é a incapacidade de tolerar a dor a curto prazo para obter ganhos *a longo prazo*. Uma atitude de BTF está presente em afirmações como "É muito difícil mudar — é assim que eu sou", e, "Talvez eu deva simplesmente desistir". A resignação e a BTF andam de mãos dadas. Na reação A de

Wendy, ela se recusa a aceitar a si mesma por causa de sua recente experiência e se resigna a continuar desempregada.

LEMBRE-SE

A resignação parece uma opção fácil comparada com a autoaceitação, porque significa que você tem menos *a fazer*. Entretanto, as pessoas tendem a se sentir extremamente tristes quando se resignam e condenam a si mesmas, recusando-se a investir esforço para melhorar a situação delas.

Esteja Aberto a Mudanças

Você pode achar que a autoaceitação é muito tranquila e fácil quando diz respeito a erros humanos, gafes e defeitos menores, mas tudo fica mais complicado quando a situação envereda pelo caminho da transgressão do próprio código moral.

Se você tem se comportado de maneira antissocial, ilegal ou imoral, talvez tenha mais dificuldade em se aceitar. Mas você consegue! Aceitar a si mesmo não significa aceitar seu comportamento negativo ou continuar agindo da mesma forma. Pelo contrário, aceitar a si mesmo envolve reconhecer que você — um aceitável ser humano — tem adotado um comportamento insatisfatório ou inaceitável. Aceitar-se faz com que você fique mais propenso a aprender com seus erros e a agir de maneira mais construtiva — o que é interessante tanto para você quanto para as pessoas que o cercam.

A fim de superar os comportamentos destrutivos ou socialmente inaceitáveis, é necessário fazer o seguinte:

» **Assuma sua responsabilidade pelo mau comportamento.** Em vez de decidir que é uma pessoa má, que não tem controle ou responsabilidade por suas ações, aceite que está fazendo coisas erradas.

> **Identifique com clareza o que você está fazendo de errado ou de inaceitável.** Você precisa ser específico ao apontar seus maus comportamentos.
>
> Por exemplo, Fiona tem dois problemas sérios ou "maus" comportamentos definidos. Primeiro, ela tem um comportamento adicto; segundo, está roubando para financiar sua adição. A vergonha e a autocondenação de Fiona serão obstáculos na superação dos problemas. Ela não conseguirá fazer o esforço necessário para se recuperar da adição (o que inclui procurar ajuda profissional) se não aceitar a ideia de que ela vale esse esforço.

Para seguir adiante de modo a contribuir com o mundo no qual você quer viver, assuma responsabilidade por si mesmo e continue trabalhando em sua autoaceitação.

Acionando a Autoaceitação

Assim como a aquisição de praticamente todas as habilidades vale a pena, você terá que se esforçar e praticar muito para alcançar o sucesso em obter as habilidades de autoaceitação. Esta seção foca as maneiras de começar a integrar a autoaceitação em seu cotidiano.

Crie seu caminho para a autoaceitação

O que é um nome? É muita coisa, na verdade. Como falamos nos Capítulos 3 e 9, a maior parte das pessoas *sente* como *pensa*. Em outras palavras, os significados que você confere aos eventos exercem um enorme peso no que acaba sentindo sobre eles.

De modo semelhante, o significado está conectado aos nomes que você usa para chamar a si mesmo. Se usa uma crítica abusiva e cruel ou uma terminologia rude para nomear seus comportamentos ou erros, está a caminho de um distúrbio emocional.

A noção de que você pode começar a acreditar em algo quando repete isso a si mesmo vezes o suficiente é parcialmente verdadeira. Felizmente, você pode *escolher* que mensagens envia a si mesmo e, dessa maneira, escolher como pensar e se sentir sobre si mesmo.

DICA

Como você fala consigo mesmo causa impacto imediato, ou indireto, em sua autoconcepção. Tente seguir as seguintes estratégias para seu monólogo interior, que causam o melhor impacto em você mesmo:

» **Abandone os rótulos generalizados**. Os seres humanos com frequência chamam a si mesmos de perdedores, idiotas, fracassados, burros ou desinteressantes por causa de certos eventos ou ações nas quais estiveram envolvidos ou que praticaram. Você pode até mesmo usar uma linguagem pior para falar com você mesmo na privacidade de sua mente. Por quê? Porque você está caindo na tentação de classificar a si mesmo como um todo com base na evidência de um ou mais incidentes isolados.

» **Seja específico com suas autoafirmações.** Antes de classificar a si mesmo como um fracasso, pergunte-se o seguinte: "De que maneira específica falhei?", "De que jeito específico agi estupidamente?" (É muito mais difícil cair na autoclassificação generalizada quando você se força a ser específico.)

» **Fale o que você pensa e aja como fala.** Você pode estar dizendo a si mesmo agora: "Ah, mas não tive intenção de dizer isso quando chamei a mim mesmo daqueles nomes." Não? Então, não diga nenhum deles. Comece a praticar o uso de uma linguagem que descreva de maneira precisa seu comportamento e que esteja de acordo com suas crenças de autoaceitação. Em vez de ficar resmungando "Sou um idiota por ter perdido aquele prazo", tente dizer "Perder aquele prazo foi realmente uma péssima jogada. Estou realmente desapontado com isso."

NESTE CAPÍTULO

» Sabendo quando sua raiva é problemática

» Desenvolvendo a raiva saudável

» Levando a raiva saudável para o trabalho

» Comunicando-se de modo eficaz para combater a raiva prejudicial

Capítulo 15

Acalmando Sua Raiva

A raiva é uma emoção muito comum. Entretanto, é também cada vez mais reconhecida como um problema emocional. Ela pode ser prejudicial a seus relacionamentos, saúde e autoestima.

A TCC oferece um gerenciamento claro e efetivo da raiva, combatendo o pensamento que sustenta essa emoção e ajudando a expressá-la de modo saudável. Este capítulo se concentra nas técnicas da TCC que o ajudam a lidar diretamente com seus sentimentos de raiva.

Raiva Saudável e Raiva Prejudicial

Essencialmente, existem dois tipos de raiva — a saudável e a prejudicial:

» **A raiva saudável é um aborrecimento ou irritação produtiva.**
É esse o tipo de raiva que o estimula a fazer valer seus direitos quando é importante.

> » **A raiva prejudicial é fúria e ódio improdutivos.** Esse tipo de raiva o leva a se comportar de maneira agressiva ou violenta mesmo diante de provocações bobas e sem importância. A raiva prejudicial também pode significar que você guarda as coisas e depois descarrega a raiva indiretamente (o que às vezes chamamos de "agressão passiva") ou desconta em cima de pessoas inocentes.

Todas as emoções têm *temas* — que são os tipos de circunstâncias ou os gatilhos que as acionam. Os temas para a raiva incluem alguém quebrar alguma de suas regras pessoais, ou ameaçar sua autoestima utilizando-se de palavras ou ações. Outro tema da raiva é a frustração, quando alguém ou alguma coisa fica entre você e sua meta.

Os gatilhos para a raiva saudável e para a prejudicial são os mesmos, mas a resposta comportamental é muito diferente. Os dois tipos são associados a diferentes tipos de pensamentos e focos de atenção.

Características da raiva prejudicial

Ela é muito mais propensa que a raiva saudável a causar fissuras em seus relacionamentos pessoais, criar problemas no seu ambiente de trabalho ou mandá-lo para a prisão. Você também fica mais propenso a se sentir física e emocionalmente desconfortável quando sua raiva é prejudicial.

Diversas maneiras de pensar que tipicamente reforçam sua raiva prejudicial são:

- » Fazer exigências e manter regras rígidas sobre como os outros devem ou não se comportar.
- » Insistir que os outros não o devem insultar ou ridiculizar.
- » Exigir que os fatores da vida e as outras pessoas não fiquem entre você e sua meta.
- » Superestimar o grau com que as pessoas deliberadamente agem de maneira inadequada com você.

- » Presumir automaticamente que você está certo e que as outras pessoas estão erradas.
- » Recusar-se a levar em consideração o ponto de visto do outro.

Características comportamentais comuns associadas à raiva prejudicial incluem o seguinte:

- » Atacar ou querer atacar outra pessoa verbal ou fisicamente.
- » Atacar outra pessoa de forma indireta — também chamado de *comportamento passivo-agressivo* — como, por exemplo, tentar dificultar o trabalho de alguém.
- » Descontar sua raiva em pessoas e animais inocentes ou em objetos.
- » Tramar vingança.
- » Guardar rancor.
- » Tentar fazer com que os outros fiquem contra a pessoa que se comportou de forma indesejável.
- » Ficar de mau humor ou aborrecido.
- » Procurar por evidências de que alguém agiu com intenção maliciosa.
- » Procurar por sinais de repetição da ofensa.
- » Manter extrema vigilância para ver se as pessoas não estão quebrando alguma regra sua ou lhe faltando com o respeito.

Os sinais físicos comuns de raiva prejudicial incluem os seguintes:

- » Punhos fechados.
- » Tensão muscular, especialmente nos músculos do pescoço e dos ombros.

- » Mandíbula comprimida.
- » Tremor ou agitação.
- » Aumento dos batimentos cardíacos.
- » Sensação de calor.

Características da raiva saudável

Em geral, as pessoas experimentam a raiva saudável intensamente, mas não como uma experiência desgastante. Você pode se sentir intensamente furioso de forma saudável, sem perder o controle. A raiva saudável não faz com que você se comporte de modo antissocial, violento ou intimidador.

Além disso, a raiva saudável é tipicamente estruturada pelos seguintes tipos de pensamento:

- » Ter fortes preferências em vez de exigências rígidas com relação à forma como as pessoas devem agir.
- » Ter flexibilidade nas regras que você espera que as pessoas respeitem.
- » Preferir resolutamente que os outros não o ofendam ou ridicularizem.
- » Desejar que os fatores da vida e as outras pessoas não fiquem entre você e o que você quer.
- » Pensar de modo realista sobre se as outras pessoas agiram de maneira deliberadamente inadequada com você.
- » Considerar que talvez você e a outra pessoa estejam certas e erradas até certo ponto.
- » Tentar ver o ponto de vista da outra pessoa.

As características comportamentais típicas da raiva saudável incluem:

- Afirmar sua posição com a outra pessoa.
- Permanecer na situação com a intenção de resolver qualquer mal-entendido.
- Pedir que a outra pessoa modifique seu comportamento — respeitando o direito dela de discordar de você.
- Procurar evidências de que talvez a outra pessoa não tenha se comportado com intenção maliciosa.
- Ser capaz de esquecer e perdoar.

Estruturando Sua Raiva Saudável

Se você realmente quer superar sua raiva prejudicial, tem que lançar um longo e crítico olhar sobre as atitudes que vem tendo. Isso envolve olhar honestamente para a forma como você e o mundo têm o tratado na maior parte das vezes. Talvez você guarde algumas crenças nocivas que frequentemente o levam a tratar as pessoas com raiva prejudicial. Alguns desses pensamentos nocivos incluem:

- Ninguém deve nunca me tratar de forma rude ou desrespeitosa.
- O mundo não pode ser injusto ou desleal, e *especialmente* não comigo!
- Eu devo ter o que eu quero quando eu quero, e nada deve ficar no meu caminho.
- Nunca devo ser levado a sentir culpa, inadequação, vergonha ou arrependimento por outras pessoas ou por eventos da vida.
- Nada nem ninguém deve jamais expor minhas fraquezas ou erros.

LEMBRE-SE Podemos explicar os tipos de atitudes mais indicados para o ajudar a superar a raiva prejudicial. Entretanto, *você* deve decidir concordar com essas atitudes e por fim *agir de acordo com elas* se quiser mudar o nível de raiva que sente.

Aproximando-se das outras pessoas

Existem outras pessoas no mesmo universo que você. Às vezes, isso é motivo de agradáveis situações, mas em outras ocasiões você pode julgar essas pessoas como extremamente inconvenientes. Goste você ou não, as outras pessoas existem e continuarão existindo no seu universo no futuro. Aceitar que essas pessoas têm tanto direito quanto você de habitar este planeta faz muito sentido. E, enquanto coabitam, é necessário aceitar a realidade de que às vezes os outros o irritem. Como você não está no comando do universo, seria melhor aceitar que as outras pessoas *têm permissão* para agir de acordo com as regras e valores delas — não as suas.

Aceitar os outros pode evitar um mundo de raiva prejudicial. Considere este exemplo: toda manhã, Jill e Tim vão juntos para o trabalho de ônibus. Toda vez que sobe no ônibus, Jill diz um simpático "Bom dia!" ao motorista, que sempre a ignora completamente. Um dia, Tim pergunta a Jill por que ela insiste em cumprimentar o motorista, mesmo quando ele sequer responde. Jill diz: "Porque eu escolho me comportar de acordo com o meu padrão de educação, e não agir de acordo com o padrão hostil dele."

A alta tolerância de Jill à hostilidade do motorista do ônibus significa que ela consegue evitar sentir raiva prejudicial. Ela faz isso da seguinte maneira:

» Aceitando que o motorista tem o direito de ser hostil. Não existe lei que obrigue ou desobrigue alguém a responder a um cumprimento.

» Não achando que a hostilidade do motorista é algo pessoal contra ela. O motorista não a conhece, então é improvável que ele queira a atingir de algum modo. Ele provavelmente age assim com todo mundo além de Jill.

» Exercitando o direito de agir conforme o padrão de educação dela, mesmo diante de uma pessoa tão hostil. Embora o motorista do ônibus seja rude com Jill, ela decide não agir do mesmo jeito com ele. Ela pode continuar agindo educadamente mesmo frente à hostilidade de alguém, se assim escolher.

Criando preferências flexíveis

Desejar que os outros o tratem bem e com respeito faz sentido. Da mesma forma, você provavelmente quer que as outras pessoas façam bem o trabalho delas e o ajudem a conseguir o que deseja. Você tende a querer viver a vida do seu jeito e que o mundo se adapte a seus planos pessoais.

Entretanto, esperar e exigir que essas condições aconteçam o tempo todo não faz sentido!

LEMBRE-SE

Manter suas atitudes flexíveis e baseadas em *preferências*, e não em exigências e expectativas, mantém sua raiva no campo saudável.

Aceitando as outras pessoas

Quando você condena furiosamente uma pessoa como "inútil", "imprestável" ou "idiota", faz uma terrível hipergeneralização. A outra pessoa não é essencialmente idiota só porque tem agido como idiota — certamente ela age de modo diferente em outras situações, assim como você.

O ponto crítico aqui também é o ponto prático: rebaixar as outras pessoas faz com que as respeitar seja difícil. Você precisa manter um nível de respeito pelos outros para poder avaliar objetivamente seus comportamentos e agir de maneira apropriada e correta.

CAPÍTULO 15 **Acalmando Sua Raiva**

A alternativa ao rebaixar os outros é aceitá-los como SHI — Seres Humanos Imperfeitos —, que podem agir de formas censuráveis (com você). Quando você considerar os outros como SHIs, pode condenar apropriadamente o comportamento, e não a pessoa. Essa aceitação é crucial para ajudá-lo a manter um nível mental e comandar seus sentimentos de irritação.

DICA

Aceitar as outras pessoas é o outro lado da moeda para aceitar a si mesmo. Você pode acabar aceitando a si mesmo porque está aplicando essencialmente a mesma filosofia para todo mundo.

Aceitando quem você é

Às vezes, as pessoas recorrem à raiva prejudicial porque têm uma frágil noção do próprio valor. Se alguém o trata mal, insulta ou parece ter uma opinião negativa sobre você, isso faz com que lembre o quanto é baixa a opinião que tem de si mesmo. Para proteger seu valor próprio, pode acabar atacando a outra pessoa. O racional é o seguinte: "Se posso rebaixar você, então posso evitar rebaixar a mim mesmo."

Ao acreditar que você é inclassificável, complexo, sempre em contínua mudança e um ser humano imperfeito, você verá que nunca será insignificante, nem mesmo quando as pessoas o tratarem mal.

Tolerando a frustração

A *frustração* ocorre com mais frequência quando algo ou alguém o impede de alcançar seus objetivos e metas. Quanto mais importante sua meta for para você, mais furioso ou aborrecido você tende a ficar quando algo bloqueia sua passagem em direção a ela.

Pessoas que frequentemente experimentam a raiva nociva tendem a ter baixa tolerância à frustração. O baixo limite delas em tolerar aborrecimentos, incidentes ou obstruções dos outros acaba ecoando em afirmações como estas:

"Não posso suportar isso!"

"Isso é intolerável!"

"Simplesmente não posso mais aguentar isso!"

Aumentar sua tolerância à frustração o ajuda a experimentar níveis de aborrecimento saudáveis em resposta a obstáculos no caminho de sua meta. Ter uma Alta Tolerância à Frustração (ATF) faz com que você se torne mais eficiente na resolução de problemas. Assim, a raiva não impede sua visão na hora de enxergar as soluções possíveis para os aborrecimentos e empecilhos do dia a dia. A alta tolerância à frustração está presente em afirmações como:

"Esta situação é desconfortável, mas posso suportar o desconforto!"

"Este evento é difícil de suportar, mas posso suportá-lo — algumas coisas valem a pena ser toleradas."

"Mesmo que eu *pense* que não posso aguentar, a probabilidade é de que eu possa."

Para aumentar sua tolerância à frustração, faça a si mesmo estes tipos de perguntas quando a vida lhe apresentar situações difíceis:

"Esta situação é realmente terrível ou apenas extremamente inconveniente?"

"É mais correto afirmar que não posso suportar esta situação ou que não gosto dela?"

"Esta situação é realmente insuportável ou na verdade é realmente muito difícil de suportar?"

Ser menos radical no seu julgamento sobre os eventos negativos o ajuda a ter reações emocionais menos radicais, tais como a raiva nociva.

Prós e os contras do seu temperamento

Acreditar que você está *certo* ao ficar zangado e agarrar-se firmemente a essa percepção é um dos obstáculos mais comuns para domar a raiva nociva.

LEMBRE-SE

Certamente você tem o *direito* de ficar zangado. Talvez até *esteja certo* em estar zangado, no sentido de contestar algo de que não gosta. No entanto, pode se sentir melhor e se comportar de maneira mais construtiva se tiver raiva *saudável* do que raiva *nociva*.

Expressando Sua Indignação de uma Forma Saudável

Expressar seus sentimentos no momento exato em que ocorrem pode ser um bom antídoto para aplacar a raiva nociva. Por outro lado, abafá-los significa que você acumula suas emoções até que venham à tona e você explode.

Pessoas que falam de maneira aberta e apropriada sobre suas reações emocionais aos eventos são menos propensas a nutrir sentimentos nocivos, como a raiva e a depressão. As próximas seções oferecem dicas e técnicas para melhorar suas habilidades de comunicação e a lidar com a insatisfação de uma maneira saudável.

Sendo assertivo

A *assertividade* envolve defender a si mesmo, dar voz a suas opiniões e sentimentos, e assegurar com firmeza que seus direitos sejam respeitados. A assertividade difere da agressão, porque não envolve violência, intimidação ou desrespeito pelos direitos alheios.

Usar a assertividade em vez da agressão é mais efetivo para que você consiga o que quer. Quando está sendo assertivo, você ainda está no controle de seu comportamento; mas quando está irado de modo nocivo, muito do seu comportamento é impulsivo.

Com frequência, sua agressão tem como meta vencer um argumento e fazer com que a outra pessoa retroceda e acabe concordando com você. Mas a assertividade não é uma questão de vencer. Mais que isso, a assertividade é mostrar seu ponto de vista sem insistir que a outra pessoa concorde com você ou retroceda.

DICA

Se você tem tendência a ficar furioso, e ficar agressivo verbal ou fisicamente muito rápido, pare e respire fundo, contando até dez (ou até mais, caso precise de mais tempo para se acalmar). E depois pode refletir sobre seus próximos pensamentos e comportamentos. Retirar-se da situação inflamada costuma ser um passo racional na adoção de uma assertividade saudável.

A assertividade é uma habilidade que pode ser praticada. Muitas pessoas com problemas de raiva se beneficiam com a inclusão da assertividade utilizando-se dos seguintes passos:

1. **Consiga a atenção da outra pessoa.** Por exemplo, se quer fazer uma reclamação em uma loja, espere ter a atenção da vendedora em vez de gritar com todos os funcionários quando eles estão ocupados com outras tarefas. Se quer falar com sua parceira sobre algum assunto específico, peça a ela que lhe dedique algum tempo para isso.

2. **Esteja no lugar certo.** A melhor hora de ser assertivo pode depender do lugar em que está quando está irritado. Se sua chefe faz um comentário que o menospreza durante uma reunião, é melhor falar com ela sobre isso quando não houver tanto público ao redor de vocês.

3. **Esteja certo do que vai dizer.** Se não tem experiência no quesito assertividade, mas está mais familiarizado com berrar e gritar, dê um tempo a si mesmo para pensar bem sobre o que pretende dizer.

CAPÍTULO 15 **Acalmando Sua Raiva** 173

4. Atenha-se a seu assunto e seja respeitoso. Não faça uso de xingamentos e insultos.

5. Assuma a responsabilidade por seus sentimentos de irritação. Não culpe a outra pessoa por fazer você ficar furioso. Use afirmações como "Fico furioso quando você se atrasa uma hora para os nossos compromissos", ou, "Eu me senti decepcionado e furioso por você não ter me convidado para a recepção do seu casamento".

CUIDADO

A assertividade nem sempre funciona. Só porque você se esforça ao extremo para parar de gritar ou enlouquecer as pessoas a seu redor, não significa que você sempre conseguirá tudo o que deseja. Não, senhor! Na verdade, algumas pessoas podem até responder à sua afirmação com agressividade. Então, lute para manter sua raiva saudável e para se comportar de modo assertivo, mesmo que as outras pessoas não o façam. Lembre-se de que as outras pessoas têm o direito de escolher se comportar de maneira errada e que você tem o direito de se afastar delas em vez de responder à altura.

Antes de agir assertivamente, decida se a situação realmente vale seu tempo e sua energia. Pergunte a si mesmo se o problema merece sua postura assertiva. A questão é mais problemática do que parece? Se você é um ex-viciado em raiva nociva, provavelmente não está acostumado a relevar situações assim. Pratique decidir quando agir assertivamente é, de fato, do seu interesse ou quando o mais sábio a fazer é simplesmente não responder.

Lidando com a crítica

Nem sempre a crítica é destinada a enfurecer ou diminuir o destinatário. Uma crítica específica bem posicionada pode fornecer uma informação útil sem causar ofensa. Muitas pessoas gostam de receber um *feedback* positivo — é o negativo que causa irritação.

Pessoas que exigem perfeição de si mesmas, ou esperam a aprovação dos outros, com frequência não aceitam bem as críticas. Elas tendem a receber a crítica como algo extremamente sério e pessoal. Frequentemente, presumem que qualquer forma de crítica negativa significa que elas valem menos que nada. Se você é esse tipo de pessoa, um comentário do seu chefe como "Não estou totalmente satisfeito com o relatório que você me entregou" é traduzido em sua cabeça como algo mais ou menos assim:

> *Meu chefe pensa que meu relatório é um lixo = Todos os meus relatórios são um lixo = Sou um lixo no meu trabalho = Sou um lixo*

Você pode até ficar furioso nocivamente em uma tentativa de defender seu valor, e lançar um contra-ataque à pessoa que você pensa ter o atacado.

LEMBRE-SE

Você pode remover o ferrão da crítica tendo em mente os seguintes conselhos:

» A crítica pode ajudá-lo a aprimorar seu desempenho no trabalho e nos relacionamentos.

» Você pode avaliar a crítica e decidir o quanto concorda com ela, e rejeitar o resto.

» Todo mundo recebe uma crítica de vez em quando. Logicamente, você não pode esperar conseguir sempre evitar ser criticado.

Se alguém o critica de forma generalizada — por exemplo, sua irmã o chama de "perdedor incompetente" —, tente pedir a ele que seja mais específico: "Em que sentido específico sou um perdedor incompetente?" Fazer perguntas pode tornar a crítica mais produtiva para você. Ou, se a pessoa não puder ser mais específica, sua pergunta a desarma. A próxima seção fala em mais detalhes sobre como desarmar alguém.

Usando a técnica do desarme

Tudo bem, nem toda crítica que você recebe é bem-intencionada. Às vezes, a outra pessoa o bombardeia com uma bateria de observações e insultos. Quais são suas opções? Você *pode* ter uma crise de raiva nociva e gritar, ou atacar seu antagonista. Ou pode manter sua irritação no campo saudável e tentar um modo não ofensivo para desarmar a pessoa que o critica. A técnica do desarme funciona conforme os seguintes princípios:

> » Procure um grão de verdade no que a outra pessoa está dizendo e concorde com ela nesse ponto específico.
>
> » Mostre certa empatia com a pessoa que o critica.
>
> » Peça à pessoa que o critica mais informações sobre o alvo da crítica em si.
>
> » Expresse seu ponto de vista como "Penso que/Creio que..." e acrescente as afirmações.

Ao usar a técnica do desarme, você supera a situação agindo com serenidade. Também ganha a satisfação por ter lidado bem com uma crítica. Quem sabe você acaba até mesmo melhorando seu relacionamento com a pessoa que o critica.

Sendo Assertivo no Trabalho

Manter a tranquilidade no ambiente de trabalho é um ponto importante para muitas pessoas. Afinal, passamos muitas horas do dia no trabalho e normalmente precisamos dele para viver. Às vezes, a raiva nociva o leva a conflitos desnecessários no ambiente de trabalho ou até mesmo coloca seu emprego em risco.

As mesmas atitudes e estratégias associadas com a raiva saudável se aplicam ao ambiente de trabalho. Entretanto, trazemos alguns indicadores adicionais para ajudá-lo a permanecer assertivo de modo saudável no trabalho:

» **Deseje, mas não exija sucesso**. O sucesso em seu trabalho é uma meta compreensível de se ter. Entretanto, ao buscar um determinado grau de sucesso profissional, mas permanecer insistindo que *tem que conseguir,* você pode proteger sua saúde mental e evitar a raiva nociva. Infelizmente, o sucesso nunca é uma garantia, mesmo com trabalho árduo e dedicação, então continue mantendo seus altos padrões, mas certifique-se de criar uma margem para erros e falhas.

» **Estabeleça padrões de desempenho realistas**. Sim, almejar chegar longe é saudável, mas você precisa permitir a possibilidade de não conseguir atingir esses padrões de vez em quando. Ser um mero ser humano com habilidades e força comum significa que nem sempre é possível atingir seus padrões de desempenho profissional.

» **Trabalhe em equipe**. Ninguém é uma ilha. No trabalho, tente dividir a carga com seus colegas quando necessário. Trabalhar com outras pessoas é uma habilidade e pode precisar de prática para se desenvolver. Você pode não concordar com tudo que os colegas de equipe sugerem ou com o modo de fazerem as coisas. Mas, se evitar trabalhar com outras pessoas por essas razões, você se priva de oportunidades de crescer. Desenvolver a confiança em sua habilidade para discordar dos outros com respeito e oferecer as próprias ideias educadamente fará com que você fique menos propenso a ataques de raiva nociva.

» **Faça concessões para o estilo de interação pessoal dos outros**. Simplesmente porque está trabalhando duro para superar a raiva nociva, infelizmente, isso não quer dizer que todos seus colegas de trabalho estão fazendo o mesmo. Algumas pessoas são rudes; às vezes, seu chefe se dirige a você de maneira, no mínimo, descortês. Em vez de deixar que a grosseria de outras pessoas acione sua raiva (ou o consuma por dentro), continue adotando os próprios padrões de comunicação gentil. Você não precisa se coadunar com o comportamento inadequado dos outros, mas precisa lembrar que o modo como se comportam é escolha deles. Evite se rebaixar ao mesmo nível e saia por cima.

» **Diferencie comentários pessoais e profissionais**. Quando alguém no trabalho faz um comentário negativo sobre um aspecto de seu desempenho, isso não quer dizer necessariamente algo desagradável sobre você como pessoa. Mesmo que o comentário seja feito de modo indelicado, a escolha sobre se sentir pessoalmente atacado ou não é sua. Tente diferenciar claramente comentários sobre seu desempenho profissional e sobre seu caráter. Isso o ajuda a dissipar uma situação, pois você não estará interpretando mal a intenção da outra pessoa como deliberadamente má.

Se alguém do trabalho fizer uma crítica pessoal a você, pense antes de responder. A outra pessoa provavelmente está se comportando sem profissionalismo e você não tem que responder na mesma moeda. Dê um tempo para se acalmar antes de tomar qualquer atitude.

» **Encontre equilíbrio entre trabalho e vida pessoal**. Às vezes, o temperamento se desgasta no ambiente de trabalho porque as pessoas estão sobrecarregadas; podem estar sob pressão de trabalhar longas hora, por exemplo. Se é dono do próprio negócio, pode achar difícil justificar tirar uma folga. Encontrar o equilíbrio entre a vida profissional e a pessoal é muito importante. Não ter tempo para si mesmo leva a crises de raiva e impaciência. Crie um tempo para recarregar suas baterias e divirta-se.

Em primeiro lugar vem você como pessoa e *em segundo*, seu trabalho (ou terceiro, quarto, quinto... dependendo de suas prioridades). Apegar-se demais a seu papel profissional torna difícil para você manter a perspectiva (e sua calma) quando as coisas saem dos trilhos. Não importa quanto seu papel profissional seja importante para você, lembre-se de que você é uma pessoa por inteiro — há muito mais na vida do que apenas trabalho.

Mostrando seu ponto de vista de modo positivo

Apesar de sua recém-adquirida habilidade Zen para lidar com desentendimentos do trabalho, às vezes as questões precisam ser enfrentadas. Tente usar as dicas das seções a seguir para ajudar a eliminar conflitos desnecessários e garantir que você fique no campo da raiva saudável — não importa a situação!

Avaliando o que pretende alcançar

Antes de um confronto, por menor que seja, determine o que pretende alcançar. Seja pedir um aumento, uma folga, mais recursos ou prestar esclarecimentos de qualquer tipo — avalie precisamente o que espera alcançar. Suas chances de uma comunicação clara e calma, e de realmente conseguir o que deseja são determinadas com antecedência sobre o que deseja. Pense ainda em ajustes aceitáveis para seu objetivo final antes de começar uma discussão com outra pessoa. Em sua tentativa de se livrar da raiva nociva — prevenir é melhor do que remediar.

Parando para pensar

Encontre um tempo para pensar em qual é a melhor maneira de explanar seu ponto de vista. Considere quais são o momento e o lugar mais adequados. Decida claramente o que quer comunicar com antecedência. Escreva uma lista de itens para consultar, caso ache que isso pode ajudar a manter o foco. Em algumas circunstâncias, vale a pena se preparar para uma resposta negativa e planejar modos de lidar com isso. Ter algumas ideias definidas de como responder a não conseguir seu objetivo ou ser mal interpretado ajuda você a manter a assertividade em vez de cair nos antigos padrões de agressividade.

Deixando para lá

No trabalho, como em qualquer outra área de sua vida, há momentos em que continuar discutindo não leva a lugar algum. Em situações profissionais, normalmente existe um ponto-final que você precisa aceitar. Por exemplo, pode não haver recursos disponíveis para atender a certas reivindicações; prazos podem ser improrrogáveis; as horas de trabalho, não negociáveis, e assim por diante. Se continuar a insistir no ponto com seu chefe ou colegas de trabalho, pode criar ainda mais estresse para si mesmo ou romper relacionamentos profissionais.

Promovendo uma imagem profissional

Comportar-se com profissionalismo ajuda a eliminar confrontos no trabalho e aumenta sua confiança geral. Pessoas que assumem atitudes profissionais em relação ao trabalho, seja qual for a área de atuação, são mais propensas a permanecer calmas nos momentos de crise. Elas ainda se lembram de lidar com situações que provocam raiva de modo assertivo e sem perder o controle. Veja algumas regras básicas de comunicação que facilitam o funcionamento tranquilo do ambiente de trabalho:

- » Mantenha a cabeça erguida e uma boa postura.
- » Faça contato visual com seus colegas e gerentes.
- » Fale claramente, em tom audível e no seu ritmo.
- » Faça perguntas diretamente e peça ajuda de maneira direta e clara quando precisar.
- » Sente-se em um posição central em reuniões, e não nas pontas.
- » Encontre um equilíbrio entre oferecer ideias e opiniões, e ouvir atentamente as dos outros.

Mantendo o profissionalismo

Você pode melhorar suas chances de manter o controle de seus sentimentos no trabalho adotando princípios de conduta profissional. Lembre-se das dicas a seguir:

- **Seja pontual**. Estar constantemente atrasado é irritante para seu chefe e para aqueles que contam com sua presença para fazer seus trabalhos. Você provavelmente não gostaria que os outros se atrasassem, então faça um esforço para pôr em prática tudo aquilo que prega.

- **Esteja preparado**. Certifique-se de que tem tudo de que precisa para fazer seu trabalho e faça quaisquer preparativos necessários para os projetos.

- **Vista-se de maneira apropriada**. Usar roupas adequadas contribui para uma imagem de profissionalismo.

- **Seja educado**. Trate os outros como gostaria de ser tratado. Seja sempre cortês com seus colegas de trabalho, mesmo quando chegar de mau humor. As pessoas se sentem seguras ao redor de quem é previsível em termos de educação.

- **Mantenha a vida profissional e a pessoal separadas**. Você é apenas humano, assim, está propenso a ocasionalmente ser afetado por problemas domésticos quando está no trabalho. Mas lavar sua "roupa suja" no trabalho provavelmente causará outros problemas dos quais você não precisa. Você é pago para fazer seu trabalho, e é isso que seu chefe e seus clientes esperam de você. Se problemas pessoais estão mascarando sua capacidade de trabalhar de modo eficaz, pense em um tempo de folga e/ou fale sobre a situação para a pessoa responsável.

4 Olhando para Trás e Seguindo Adiante

NESTA PARTE...

Coloque seus problemas atuais em um contexto com base em suas experiências passadas.

Encontre informações sobre como consolidar novas formas de pensamento.

Faça com que as mudanças de comportamento permaneçam.

Supere obstáculos nas mudanças e obtenha ajuda profissional, usando-a da melhor maneira possível.

NESTE CAPÍTULO

» Colocando seus problemas atuais em perspectiva
» Identificando suas crenças
» Lidando com as primeiras experiências
» Desenvolvendo crenças alternativas

Capítulo 16
Olhe Novamente Seu Passado

As experiências de seu passado têm um efeito sobre a maneira como você pensa e funciona no presente. Às vezes, você pode ter passado por péssimas experiências e ser capaz de extrair algo positivo delas. Em outros momentos, pode ser ferido por eventos desagradáveis e carregar essa dor até o seu presente e futuro.

As pessoas, algumas vezes, se surpreendem ao descobrir que a TCC considera o passado como um aspecto importante da compreensão dos problemas de uma pessoa. Ao contrário da psicanálise freudiana, que foca intensivamente nos relacionamentos e nas experiências da infância, a TCC investiga especificamente as experiências do passado para ver como esses eventos podem ainda afetar as pessoas em suas vidas *presentes*.

Como o Passado Influencia o Presente

Nós não sabemos como foi sua infância e adolescência, mas muitas pessoas compartilham experiências relativamente comuns. Os exemplos a seguir destacam vários aspectos das experiências passadas que podem influenciar sua história de vida. Em vez de se focar nas diferenças entre esses exemplos e as próprias experiências, procure identificar situações similares que aconteceram em sua vida.

Muitos tipos de experiências complicadas podem contribuir para o desenvolvimento de crenças negativas.

> » A morte de entes queridos.
> » Crescer com pais ou irmãos negligentes, críticos ou abusivos.
> » Divórcio.
> » Ser perseguido na escola.
> » Ser abandonado pelos pais ou parceiro.
> » Passar por um trauma, como estupro, doença potencialmente fatal, acidentes ou testemunhar ações violentas contra outra pessoa.

Esses são apenas alguns exemplos de eventos que podem ter um efeito profundo na saúde mental, de modo geral. Eventos negativos que contribuem para a forma como você pensa em si mesmo, em outras pessoas e o mundo ocorrem, com frequência, na infância e na adolescência. Contudo, eventos ocorridos em qualquer estágio podem ter um impacto significativo na maneira como você vê o mundo.

Identificando Suas Crenças

ALERTA DE JARGÃO

Suas *crenças* são ideias ou filosofias em que você se apoia de maneira forte e profunda. Essas ideias normalmente são desenvolvidas na infância ou na adolescência. As crenças nem sempre são negativas. Boas experiências de vida e com outras pessoas geralmente levam ao desenvolvimento de ideias positivas sobre si mesmo, sobre os outros e o mundo. Às vezes, as crenças negativas formadas durante a infância são reforçadas por experiências posteriores, que parecem confirmar sua validade.

As crenças são caracteristicamente globais e absolutas. As pessoas acreditam que sejam 100% verdadeiras em todas as situações. Você forma suas crenças ainda quando criança, na tentativa de dar sentido a suas experiências infantis; e, sendo assim, pode ser que nunca mais avalie se essas crenças são mesmo a melhor maneira de compreender suas experiências quando adulto. Depois de adulto, você pode continuar a agir, pensar e sentir como se as suas crenças da infância ainda fossem 100% verdadeiras.

Suas crenças podem ser chamadas de "centrais" porque são suas ideias mais profundas e estão no centro de seu sistema de crenças. Dão origem a regras, exigências ou suposições, que por sua vez produzem *pensamentos automáticos* (pensamentos que simplesmente surgem na sua cabeça quando enfrenta determinada situação). Você pode considerar essas três camadas de crenças como se fossem uma tábua de tiro ao alvo com as crenças centrais no meio.

Os três campos de crenças centrais

As crenças centrais dividem-se em três campos principais: crenças sobre você, crenças sobre outras pessoas e crenças sobre o mundo.

Crenças sobre si mesmo

As crenças centrais negativas sobre si mesmo têm, normalmente, suas raízes em experiências dolorosas. Ser perseguido ou ignorado na escola; ou experimentar negligência, abuso ou críticas duras de seus tutores, professores ou irmãos influencia a maneira como você se vê.

Crenças sobre outras pessoas

As crenças centrais negativas sobre os outros comumente se desenvolvem como resultado de incidentes traumáticos envolvendo outras pessoas. Um incidente traumático pode significar algum dano infligido a você por outra pessoa, ou em razão de testemunhar algum dano feito contra alguém. As crenças centrais negativas também se desenvolvem a partir de experiências negativas repetidas com outras pessoas, como com professores e pais.

Crenças sobre o mundo

As pessoas que viveram experiências de trauma, experimentaram severas dificuldades; ou sobreviveram em ambientes nocivos, inseguros e imprevisíveis, são propensas a formar crenças centrais negativas sobre a vida e o mundo.

Beth mantém a crença central de que "o mundo é cheio de coisas ruins", a qual desenvolveu como resultado de sua situação doméstica e dos eventos que ocorreriam na escola mais tarde.

Como suas crenças centrais interagem

Identificar as crenças centrais sobre si mesmo pode ajudá-lo a compreender porque sofre com os mesmos problemas. Contudo, se também conhecer suas crenças fundamentais sobre as outras pessoas e o mundo, você constrói uma visão mais completa sobre o porquê de algumas situações o estressarem.

Como muitas pessoas, você pode manter crenças centrais de que é uma pessoa impossível de ser amada, sem valor ou inadequada — essas crenças dizem respeito ao seu valor, bondade e utilidade fundamental. Ou talvez você mantenha crenças sobre a capacidade de cuidar de si ou de lidar com a adversidade — essas crenças tratam de o quanto você é fraco ou poderoso em relação às outras pessoas e ao mundo.

Detectando Suas Crenças Centrais

Por suas crenças estarem profundamente arraigadas, você pode não pensar ou ouvi-las como afirmações nítidas. É provável que esteja muito mais consciente de seus pensamentos automáticos disfuncionais ou de suas regras do que de suas crenças centrais.

Seguindo a seta descendente

Uma técnica para localizar suas crenças centrais problemáticas é o método da *seta descendente*, que envolve identificar a situação que causa a sua emoção negativa não saudável, como depressão ou culpa.

Depois de ter identificado a situação que traz à tona as emoções negativas, questione-se a respeito do que a situação significa ou diz a seu respeito. Sua primeira resposta provavelmente será o *Pensamento Automático Disfuncional* (PAD). Continue a questionar o que sua resposta anterior significa ou diz a seu respeito até alcançar uma declaração global e absoluta, como "as outras pessoas são perigosas" ou "eu sou má".

DICA

Você pode utilizar a mesma técnica da seta descendente para chegar até suas crenças centrais sobre as outras pessoas e sobre o mundo. Apenas continue se questionando o que seu PAD *diz a respeito dos outros e do mundo*. Ao fim, você chega a uma declaração conclusiva, que é sua crença central. A seguir, um exemplo de como fazer isso utilizando a situação de receber uma multa de trânsito:

Evidências de seus sonhos e pesadelos

Imagine seu maior pesadelo. Pense nos cenários de sonhos que o fazem acordar assustado. Em algum lugar nesses terríveis cenários estão uma ou mais de suas crenças centrais. Alguns exemplos de crenças centrais que aparecem nos sonhos e pesadelos:

- » Dar branco enquanto fala em público.
- » Ser rejeitado pela sua parceira ou outra pessoa.
- » Ser criticado na frente de colegas de trabalho.
- » Perder-se em um país estrangeiro.
- » Magoar os sentimentos de alguém.
- » Fazer algo impensado e ser questionado sobre isso.
- » Decepcionar alguém importante em sua vida.
- » Ser controlado por outra pessoa.
- » Ficar a mercê de outra pessoa.

LEMBRE-SE

Busque similaridades entre os cenários de pesadelos e as situações que o incomodam. Questione o que uma situação de sonhos temida significa sobre você, as outras pessoas e o mundo. Continue ponderando o que cada uma de suas respostas diz sobre você, os outros ou o mundo até chegar à crença central.

Procurando temas

Outra forma de chegar ao núcleo de suas crenças centrais é procurar temas em seus pensamentos automáticos. Uma boa maneira de fazer isso é revisando seus Formulários ABC preenchidos.

Por exemplo, se descobrir que tem pensamentos frequentes relacionados ao fracasso, cometer erros ou ser menos capaz que outras pessoas, você pode ter uma crença central do tipo "sou inadequado" ou "sou incompetente".

Preenchendo as lacunas

Outro método de explicitar suas crenças centrais é simplesmente preencher as lacunas. Pegue um pedaço de papel, escreva o seguinte, e preencha as lacunas:

Eu sou _____

As outras pessoas são _____

O mundo é _____

Este método requer que você dê um palpite sobre quais são suas crenças centrais. Na verdade, você está melhor posicionado do que qualquer outra pessoa para dar esse palpite, então o exercício merece uma chance.

O Impacto das Crenças Centrais

As crenças centrais são formas fundamentais e duradouras de perceber e compreender a si mesmo, ao mundo e às outras pessoas. Suas crenças centrais o acompanham desde muito cedo na vida. São tão tipicamente arraigadas e inconscientes que você provavelmente não tem consciência de seu impacto sobre suas emoções e comportamentos.

Descobrindo quando você age de acordo com crenças e regras antigas

As pessoas tendem a se comportar de acordo com as crenças que mantêm sobre si mesmas, os outros e o mundo. Para avaliar se suas crenças centrais são negativas, é necessário prestar atenção aos seus comportamentos correspondentes. Crenças centrais negativas tipicamente levam a comportamentos problemáticos.

Compreendendo que as crenças centrais negativas o tornam preconceituoso

Quando você começa a examinar suas crenças centrais, pode parecer que tudo em sua vida conspira para fazer com que suas crenças negativas pareçam verdadeiras. Muito provavelmente, sua crença central está levando você a assumir uma visão preconcebida de todas as suas experiências. Crenças negativas, como "é impossível alguém me amar" e "as outras pessoas são perigosas", distorcem a forma como você processa informações. As informações negativas que apoiam sua crença não saudável são permitidas. As positivas que contradizem as coisas negativas são rejeitadas ou distorcidas, de modo que signifiquem algo negativo, para mantê-lo com sua crença negativa.

Ao mesmo tempo, suas crenças centrais podem reunir eventos negativos que *apoiem* sua validade. Suas crenças centrais negativas também o levam a distorcer os eventos positivos, para que suas crenças pareçam verdadeiras.

Desenvolvendo um Modelo

Ao identificar suas crenças centrais utilizando as técnicas destacadas nas seções anteriores, preencher esse formulário oferece-lhe uma referência rápida de quais são suas crenças centrais negativas e como elas o levam a agir de forma nociva. O formulário é um lembrete das crenças que você precisa mudar e por quê.

Siga os passos seguintes para preencher o formulário:

1. **Experiências relevantes antigas/passadas. Neste quadro, anote qualquer evento significativo que possa ter contribuído para suas crenças centrais negativas específicas.**

Por exemplo:

- Meu pai era fisicamente abusivo e tinha mudanças imprevisíveis de humor.
- Meu pai disse que eu era ruim.
- Recebi punições severas e desproporcionais de meus professores.

2. **Crenças centrais negativas (incondicionais). Anote neste quadro as crenças centrais detectadas sobre si mesmo, outras pessoas e o mundo.**

Exemplos:

- Eu sou ruim.
- As outras pessoas são imprevisíveis e perigosas.
- O mundo está repleto de coisas ruins.

ALERTA DE JARGÃO

A palavra "incondicional" é usada neste formulário para lembrar a você que as crenças centrais são aquelas que considera 100% verdadeiras, 100% do tempo e em qualquer situação.

QUADRO DAS MINHAS CRENÇAS E REGRAS

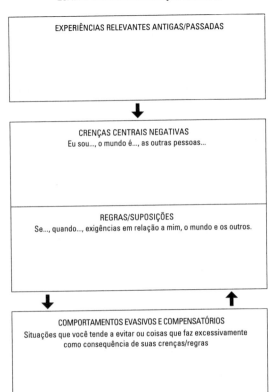

FIGURA 16-1: Crie um quadro de suas crenças com a ajuda deste modelo.

3. **Regras/Crenças "Condicionais". Neste quadro, anote as regras ou exigências que impõe a si mesmo, outras pessoas e ao mundo *por causa* de suas crenças centrais negativas.**

    - Exemplos: Eu devo ser "boa" o tempo todo (exigência em relação a si mesma).
    - *Se* eu sou criticada, *então* isso significa que sou uma pessoa ruim (regra condicional).
    - As outras pessoas não devem errar comigo ou pensar mal de mim (exigência em relação aos outros).
    - O mundo não deve conspirar para me lembrar do quanto sou ruim ao destinar experiências negativas para mim (exigência em relação ao mundo).

4. **Comportamentos evasivos e compensatórios. Utilize este quadro para registrar como tenta evitar a ativação de suas crenças centrais negativas ou coisas nocivas que faz para testar e lidar com as mesmas quando são ativadas.**

    Exemplos:

    - Ser perfeccionista no trabalho para evitar qualquer crítica.
    - Evitar o confronto e, portanto, não me afirmar no trabalho ou entre os amigos.
    - Desculpar-me excessivamente quando sou criticada ou cometo um pequeno erro.
    - Sempre presumir que a opinião das outras pessoas está "certa" e que as minhas opiniões estão "erradas".
    - Ser tímida em situações sociais para evitar ser notada.
    - Não confiar nos outros e presumir que eles irão, eventualmente, me magoar de algum modo.

5. **O que há a meu respeito.** Anote coisas positivas a seu respeito que se destacam em relação à sua crença central negativa.

Exemplos:

- Meus colegas de trabalho parecem gostar de mim.
- Eu sou muito dedicada no trabalho, e isso tem sido comentado pelo meu chefe e pelos meus colegas.
- Eu tenho alguns bons amigos que são confiáveis.
- Aconteceram algumas coisas boas comigo, como terminar a faculdade e conseguir um bom emprego.
- Eu sou, de modo geral, trabalhadora e honesta.
- Eu me preocupo com os sentimentos e opiniões das outras pessoas.

As informações que você anotou neste quadro são importantes, pois podem ser utilizadas para desenvolver uma crença central mais equilibrada e saudável.

Limitando o Dano

Para reduzir o impacto negativo das crenças centrais negativas, tente as identificar sendo ativadas. Pare e pense em uma explicação mais imparcial para os eventos em vez de ser vencido pelas crenças.

DICA

Um modo de melhorar a percepção de suas crenças centrais é desenvolver uma *ficha de crença central*. Esses dados escritos incluem os seguintes:

» Qual é sua crença central.

» Como sua crença central afeta a maneira com que você interpreta os eventos.

> » Como você tende a agir quando sua crença central é acionada.
> » Como deveria ser uma interpretação mais imparcial dos eventos.
> » Qual comportamento alternativo seria mais produtivo.

Desenvolvendo Alternativas

Quando você mexe com suas crenças centrais e identifica aquelas que são negativas e nocivas, está posicionado para desenvolver crenças alternativas mais saudáveis.

Sua nova crença central não precisa ser o extremo oposto da antiga. Mudar uma crença extrema, como em "eu não sou uma pessoa que pode ser amada" para "eu sou uma pessoa que pode ser amada", pode ser difícil demais quando se está começando. Em vez disso, flexibilize um pouco e perceba que começar a compreender que uma crença central negativa não é verdadeira 100% do tempo já é suficiente.

DICA

Criar alternativas para suas crenças centrais negativas e absolutas não se trata de pensamento positivo ou superficialidades, mas tem a ver com gerar opiniões menos absolutas, mais precisas e mais realistas sobre si mesmo, outras pessoas e o mundo ao seu redor.

Substituindo significados antigos por novos

As experiências que viveu em sua vida receberam significados atribuídos por você na época. Como adulto, você está na excelente posição de ser capaz de reavaliar os significados que atribuiu originalmente a certos eventos, e determinar significados mais sofisticados quando for apropriado.

A folha deve ter três colunas. Preencha-as como a seguir:

CAPÍTULO 16 **Olhe Novamente Seu Passado**

1. **Na primeira coluna, "Evento", registre o que realmente aconteceu.**

2. **Em "Significado Antigo", na segunda coluna, registre aquilo que o evento significou para você.**

   Essa é sua crença central negativa.

3. **Na terceira coluna, "Significado Novo", registre um significado mais saudável e preciso para o evento.**

   Essa é a nova crença que você quer fortalecer.

A Tabela 16-1 exibe um exemplo da folha de atividade de Beth.

TABELA 16-1   Folha de Atividade Significado Antigo/ Significado Novo de Beth

Evento	Significado Antigo	Significado Novo
Meu pai gritando e dizendo que eu era ruim, quando era pequena.	Eu devo ser ruim para ele ficar assim com tanta frequência.	Eu era nova e assustada demais para ser "ruim". O problema era a raiva de meu pai.

Incorporando novas crenças em sua vida

Construir crenças centrais novas, mais precisas e saudáveis, é uma coisa, mas começar a viver de acordo com elas é outra. Antes de suas novas crenças realmente se fixarem em sua mente e coração, você precisa agir *como se* já estivessem. Para Beth, isso significa se forçar a encarar a crítica de seu chefe e fazer os ajustes apropriados ao seu trabalho sem censurar-se. Resumindo, ela precisa agir *como se* realmente acreditasse que há coisas boas a seu respeito, mesmo em face de respostas negativas. Ela precisa operar de acordo com a presunção de que a raiva de seu chefe é uma resposta razoável (ou possivelmente irracional) a um aspecto de seu trabalho, em vez de uma prova de sua incapacidade intrínseca.

> **NESTE CAPÍTULO**
>
> » Fortalecendo suas novas crenças e atitudes saudáveis
> » Lidando com as dúvidas sobre uma nova forma de pensar
> » Testando suas novas formas de pensar em situações difíceis
> » Preparando-se para recaídas

Capítulo 17
Assimilando Novas Crenças

Depois de identificar seus padrões negativos de pensamento e de desenvolver atitudes mais saudáveis, você precisa reforçar seus novos padrões. O processo de reforçá-los é como o de tentar desistir de um velho mau hábito e criar um bom em seu lugar. É necessário se esforçar para transformar suas novas maneiras, saudáveis, de pensar em uma segunda natureza, ao mesmo tempo em que abandona as antigas.

Definindo as Crenças que Deseja Fortalecer

Muitas pessoas que lutam para mudar suas atitudes e crenças reclamam: "Eu sei o que *deveria* pensar, mas não acredito nisso!" Ao adotar uma nova maneira de pensar, você pode *saber* que ela faz sentido, mas talvez não *sinta* que a nova crença é verdadeira.

ALERTA DE JARGÃO

Quando você está em um estado de *dissonância cognitiva*, sabe que suas velhas formas de pensar não são 100% corretas, mas ainda não está convencido da alternativa. Estar em um estado de dissonância cognitiva pode ser desconfortável, pois as coisas não parecem muito certas. Contudo, esse sentimento é um bom sinal de que as coisas estão mudando.

Na TCC, frequentemente chamamos essa desconexão entre pensar e realmente acreditar de *problema da cabeça ao coração*. Basicamente, você sabe que um argumento é verdadeiro em sua mente, mas não o sente em seu coração. Por exemplo, se passou muitos anos acreditando que tem menos valor do que os outros ou que precisa da aprovação dos outros para se sentir bem, você pode ter grandes dificuldades em *internalizar* (acreditar intimamente) uma crença alternativa. Você pode achar a ideia de que tem tanto valor quanto seu vizinho, ou que a aprovação dos outros é um bônus e não uma necessidade, é algo difícil de aceitar.

Suas crenças alternativas provavelmente versam sobre três áreas:

- » Você mesmo.
- » Os outros.
- » O mundo.

As crenças alternativas podem ter os seguintes formatos:

- » A *preferência flexível*, em vez de uma exigência rígida ou regra, como: "Prefiro ser amado pelos meus parentes, mas não há razão para eles *terem* absolutamente que me amar."
- » Uma *suposição alternativa*, que é basicamente uma afirmação se/então, como: "*Se* eu não tirar A em minha prova, *então* isso não será o fim do mundo. Ainda posso continuar minha carreira acadêmica."

> Uma *crença geral,* que expressa uma verdade genérica positiva e saudável, como "Estou basicamente bem" em vez de "Sou inútil", ou "O mundo é um lugar com algumas partes seguras e outras perigosas" em vez de "O mundo é um lugar perigoso".

Quando você experimenta um problema da cabeça ao coração, recomendamos agir *como se* você realmente considerasse a nova crença como verdadeira — explicamos como fazer isso na seção seguinte.

Agindo Como Se Você Já Acreditasse

Você não precisa acreditar inteiramente em sua nova filosofia para mudar de comportamento. Começar é suficiente para *saber*, em sua cabeça, que a nova crença ou filosofia faz sentido, e então *agir* de acordo com ela. Se continuar realizando insistentemente a técnica "agir como se", que explicamos aqui, sua convicção na nova maneira de pensar provavelmente aumentará com o tempo.

Você pode usar a técnica "agir como se" para consolidar qualquer nova forma de pensamento, em quase qualquer situação. Faça a si mesmo os seguintes questionamentos:

> Como eu deveria me comportar se realmente considerasse minha nova crença verdadeira?

> Como eu superaria os desafios situacionais à minha nova crença se eu realmente a considerasse verdadeira e útil?

> Que tipo de comportamento eu esperaria ver em outras pessoas que realmente acreditam nessa nova crença?

Faça uma lista de suas respostas às questões acima e releia-as antes, depois e até mesmo durante uma experiência usando a técnica "agir como se". Por exemplo, se está lidando com a ansiedade social e tentando assimilar as crenças de autoaceitação, utilize as técnicas "agir como se" a seguir e faça a si mesmo tipos similares de questionamentos, como:

> » **Aja de modo consistente com sua nova crença:** Se eu realmente acreditasse que valho tanto quanto qualquer um, como me comportaria em uma situação social?
>
> Seja específico sobre como você entraria no ambiente, como começaria a conversar e como seria sua linguagem corporal.
>
> » **Crie alguns desafios para sua nova crença:** Se eu realmente acreditasse que valho tanto quanto qualquer um, como reagiria em caso de algum deslize social?
>
> Novamente, seja específico sobre como você lidaria com pausas na conversa e momentos de inadequação social.
>
> » **Observe as outras pessoas:** Alguma outra pessoa na situação social parece estar agindo como se realmente aceitasse a crença que estou tentando adotar?
>
> Em caso afirmativo, note como a pessoa age e como lida com silêncios constrangedores e pausas normais na conversa. Imite seu comportamento.

Quando age de acordo com uma nova forma de pensamento ou uma crença específica, você reforça a verdade daquela crença. Quanto mais experimentar uma crença *em ação*, mais poderá observar seus efeitos benéficos sobre suas emoções. Em essência, você está treinando seu cérebro a pensar de modo mais positivo e realista. Dê uma chance para essa técnica, mesmo que acredite ser um pensamento irreal ou que pareça besteira. As ações falam mais alto que as palavras. Então, se uma nova crença faz sentido para você, aja de acordo.

Fazendo uma Lista de Argumentos

Quando uma antiga crença vier à tona, tente ter à mão alguns fortes argumentos para apoiar sua nova crença. Suas velhas crenças ou hábitos de pensamento provavelmente estiveram com você durante um longo tempo; portanto, podem ser difíceis de mudar. Você provavelmente argumentará consigo mesmo sobre a verdade e os benefícios de seu novo pensar várias vezes, antes que as novas coisas se assentem e substituam as antigas.

Sua lista de argumentos pode consistir de vários argumentos contra sua velha forma de pensar e vários a favor da nova. Você pode consultar sua lista em qualquer momento em que sentir que a convicção em sua nova crença está começando a diminuir. Escreva a lista de argumentos em um caderno. As seções a seguir o ajudam a desenvolver razões sólidas para apoiar as crenças saudáveis, que contradizem as negativas.

Argumentos contra uma crença negativa

Para combater com sucesso as crenças negativas, tente o seguinte exercício. Na parte superior de uma folha de papel, anote uma antiga crença negativa que deseja enfraquecer. Por exemplo, você pode escrever: "Tenho de ganhar a aprovação de uma pessoa especial, como meu chefe. Sem aprovação, não tenho valor." Então, considere as seguintes questões para destacar a natureza nociva de sua crença:

» **Essa crença é irreal ou inconsistente com a realidade?** Tente encontrar evidências de que sua crença não é realmente precisa (ou pelo menos não 100% precisa em 100% do tempo). Por exemplo, você não *tem* de receber a aprovação de seu chefe: o universo permite o contrário, e você pode sobreviver sem a tal aprovação. Além do mais, você não pode ser definido como sem valor tendo como base só essa experiência, pois é muito complexo para ser definido.

» **Essa crença é rígida?** Pondere se sua crença é flexível o suficiente para lhe permitir adaptá-la à realidade. Por exemplo, a ideia de que você *deve* obter a aprovação ou que *precisa* da aprovação para pensar bem de si mesmo é extremamente rígida. É completamente possível que você falhe em obter aprovação das outras pessoas importantes em algum estágio de sua vida. A menos que tenha uma crença flexível em relação a obter aprovação, você está destinado a pensar mal de si mesmo sempre que a aprovação não se confirmar. Substitua a palavra *devo* por *prefiro* nesse exemplo, e torne sua exigência de aprovação uma preferência flexível por aprovação.

» **Essa crença é extrema?** Pondere se sua crença negativa é extrema. Por exemplo, igualar não ser apreciado por uma pessoa com não valer nada é uma conclusão extrema. É como concluir que, se você chegar atrasado em um compromisso, sempre chegará atrasado para todo compromisso que tiver para o resto da vida. A conclusão que extrai de uma ou mais experiências é muito extrema para refletir precisamente a realidade.

» **Essa crença é ilógica?** Pondere se sua crença realmente faz sentido. Você pode querer a aprovação de seu chefe, mas ele logicamente não *tem* de aprová-lo. Não obter a aprovação de alguém importante não leva à conclusão lógica de que você tem menos valor. Em vez disso, não obter a aprovação mostra que falhou em a obter nessa ocasião, dessa pessoa em particular.

» **Essa crença é negativa?** Pondere como sua crença pode ou não o ajudar. Por exemplo, se você se preocupa se seu chefe o aprova, provavelmente ficará ansioso no trabalho a maior parte do tempo. Você pode se deprimir caso seu chefe o trate com indiferença ou visivelmente desaprove seu trabalho. Você fica menos propenso a dizer não para pedidos não razoáveis e a expressar sua opinião. Você pode, na verdade, ser menos eficiente no trabalho por estar tão focado em passar uma boa impressão. Pode até mesmo presumir que seu chefe o desaprova, quando, na realidade, não é o caso. Então, preocupar-se com a aprovação de seu chefe é positivo? Claro que não!

Argumentos a favor da crença saudável

As linhas gerais para criar argumentos sólidos que apoiam uma maneira alternativa e mais saudável de pensar sobre si mesmo, outras pessoas e o mundo são similares àquelas sugeridas na seção anterior, "Argumentos contra uma crença negativa".

Em uma folha de papel, anote uma crença saudável alternativa que deseja usar para substituir uma negativa e não saudável que tenha. Por exemplo, uma crença alternativa positiva em relação a obter aprovação no trabalho pode ser: "Desejo aprovação de pessoas importantes, como meu chefe, mas não *preciso* dela. Se eu não obtiver a aprovação, ainda terei valor como pessoa."

A seguir, desenvolva argumentos para apoiar sua crença alternativa. Faça a si mesmo as seguintes perguntas, para garantir que sua crença positiva alternativa é forte e eficiente:

» **Essa crença é verdadeira e consistente com a realidade?** Por exemplo, você realmente pode desejar a aprovação e falhar em obtê-la algumas vezes. Só porque deseja muito algo, não significa que obterá. Muitas pessoas não obtêm a aprovação de seus chefes, mas isso não significa que elas sejam pessoas menores.

» **Essa crença é flexível?** Pondere se suas crenças permitem que você as adapte à realidade. Por exemplo, a ideia de que *prefere* obter a aprovação, mas que ela não é uma necessidade imprescindível tanto para a sobrevivência quanto para a autoestima, permite-lhe a possibilidade de não obter a aprovação de vez em quando. Você não tem de formar qualquer conclusão extrema sobre seu valor genérico em face de ocasiões de desaprovação.

» **Essa crença é equilibrada?** Considere se sua crença positiva é equilibrada, e não extrema. Por exemplo: "Não ser apreciado pelo meu chefe é uma infelicidade, mas não prova que sou uma pessoa sem valor." Essa crença equilibrada e flexível reconhece que a desaprovação de seu chefe é indesejável e pode significar que você precisa reavaliar seu desempenho no trabalho. Contudo, esse reconhecimento não o arrasta para a depressão com base na crença desequilibrada de que você não tem valor se falhar em agradar a seu chefe nessa ocasião.

» **Essa crença é lógica e sensata?** Demonstre como sua crença alternativa segue a lógica dos fatos, ou de suas preferências. É lógico pensar que a desaprovação de seu chefe sobre um aspecto de seu trabalho não é desejável e pode significar que você precisa trabalhar mais ou de modo diferente. Não é lógico pensar que, por causa dessa desaprovação, você é ruim de forma geral, ou uma pessoa sem valor.

» **Essa crença é positiva?** Quando você aceita que deseja a aprovação de seu chefe, mas não *tem* de obtê-la, pode ficar menos ansioso em relação à possibilidade de incorrer na desaprovação dele ou falhar em passar certa impressão. Você também tem uma chance melhor de causar boa impressão no trabalho quando preferir, sem se desesperar pela aprovação. Você pode estar mais focado no trabalho que realiza e menos preocupado com o que seu chefe pode pensar a seu respeito.

Alimentando Suas Novas Crenças

Conforme continuar vivendo com suas crenças positivas alternativas, reúna evidências que as confirmem. Tornar-se mais consciente das evidências originadas em você, nos outros e no mundo a seu redor também ajuda sua nova maneira mais saudável de pensar, e é um dos aspectos-chave para reforçar suas crenças e mantê-las fortes.

Seu registro de dados positivos é um registro simples dos resultados positivos que surgem ao agir de acordo com uma nova crença saudável e das evidências que contradizem sua velha crença negativa. Você pode usar qualquer tipo de bloco de papel para anotar suas evidências. Siga estes passos:

1. **Anote sua nova crença no alto da página.**
2. **Registre qualquer evidência de que a nova crença é útil para você; inclua as mudanças em suas emoções e comportamentos.**
3. **Registre as reações positivas que os outros têm quando você age de acordo com suas novas crenças.**
4. **Registre qualquer evidência que contradiga a antiga.**

   Seja específico e inclua até os mais ínfimos detalhes que o estimulem a duvidar de sua antiga maneira de pensar. Por exemplo, até o bate-papo com o jornaleiro enquanto você compra o jornal pode ser usado como evidência contra uma crença de que você é uma pessoa desagradável.

5. **Certifique-se de registrar todas as informações que apoiem sua nova crença e que contradigam a velha.**

   Preencha o caderno inteiro se conseguir.

DICA

Se você ainda tem problemas em acreditar que uma antiga crença negativa é verdadeira, comece a reunir evidências, diariamente, de que sua crença antiga não é 100% verdadeira 100% do tempo. Reunir esse tipo de evidência o ajuda a destruir pouco a pouco a aparência de verdade da crença.

Em seu registro de dados positivos, você pode listar os benefícios de operar sob sua nova crença, incluindo todas as formas como seus medos de fazer isso não foram confirmados.

Seu registro de dados positivos pode não só lembrar a você dos bons resultados que teve com a mudança de suas crenças negativas para outras positivas, mas também ajudá-lo a ser *paciente* consigo mesmo quando tiver uma recaída para suas crenças negativas e os comportamentos correspondentes. Use seu registro de dados positivos para mapear seu progresso, para que, quando tiver uma *recaída*, assegure-se de que ela é apenas temporária. Afinal, a prática leva à imperfeição.

DICA Muitas pessoas acrescentam coisas novas em seu registro de dados positivos durante meses ou até mesmo anos. Manter esse registro fornece um antídoto poderoso contra a tendência natural de se autocriticar excessivamente.

Certifique-se de consultar seu registro de dados positivos com frequência, diariamente, ou até várias vezes por dia quando estiver assimilando novas crenças. Mantenha-o em sua mesa de cabeceira ou em sua pasta, ou em qualquer lugar em que o possa acessar durante o dia. Como regra geral, olhar seu registro de dados positivos nunca é demais!

NESTE CAPÍTULO

» Descobrindo e escolhendo atividades saudáveis

» Cuidando de si mesmo, de sua vida e de suas relações

» Comunicando-se de maneira eficaz

» Avaliando e adotando seus valores

Capítulo 18
Buscando uma Vida Mais Saudável e Feliz

A maneira como você pensa influencia o modo como se sente e se comporta. O modo como se comporta também influencia a forma como acaba se sentindo ou pensando... e assim por diante, o ciclo continua.

Então, como você *vive* o dia a dia tem um efeito no seu humor geral. Neste capítulo, falamos sobre o que é um estilo de vida *saudável*. Desenvolver um estilo de vida saudável pode contribuir enormemente para manter uma boa forma física e boas condições psicológicas.

Utilizamos o termo "saudável" como sinônimo de cuidar de seu eu físico, o que inclui exercícios, sono, sexo, hábitos alimentares e a manutenção de um ambiente de vida agradável. Saúde psicológica significa fazer as coisas que lhe dão uma sensação de prazer e realização, mantendo atitudes positivas e equilibradas em relação à vida, e com a construção de relações satisfatórias.

DICA Faça do ato de cuidar de si mesmo uma prioridade, e não algo secundário. Prevenir é sempre melhor do que remediar.

Planejando para Prevenir Recaídas

Depois de começar a se recuperar de seus problemas, seu próximo passo é estabelecer um plano para prevenir o ressurgimento dos sintomas — para garantir que você não sofra uma *recaída*. Uma recaída significa, basicamente, um retorno a seu estado original. Uma parte importante da prevenção de recaídas é se cuidar e se vigiar contra a tentação de velhos e negativos hábitos de estilo de vida, como trabalhar até tarde, comer de modo não saudável, beber muita cafeína e álcool, ou se isolar. As seções seguintes deste capítulo fornecem algumas sugestões de como tornar sua vida mais completa e como se cuidar.

Preenchendo as Lacunas

Quando você começa a se recuperar de alguns tipos de problemas emocionais, como depressão, ansiedade ou obsessões, pode descobrir que tem uma quantidade considerável de tempo disponível, que anteriormente era ocupado pelos seus sintomas. Na verdade, você pode se espantar ao descobrir quanta energia, atenção e tempo as dificuldades psicológicas podem realmente consumir.

É importante encontrar coisas agradáveis e construtivas para fazer e preencher as lacunas em que antes estavam seus sintomas. Manter-se ocupado, com tarefas significativas para você, lhe dá uma sensação de bem-estar e deixa menos oportunidades para o ressurgimento de seus sintomas.

Atividades que demandam concentração

As atividades que você costumava apreciar podem ficar em segundo plano enquanto lida com seus problemas. Contudo, talvez possa pensar em algumas novas atividades que lhe interessem e as quais pode gostar de experimentar. A seguir, estão alguns indicadores para ajudá-lo a criar ideias sobre que atividades e passatempos você pode começar a inserir em sua vida:

» Faça uma lista de coisas que você costumava fazer e que gostaria de tentar novamente.

» Faça uma lista separada de novas atividades que gostaria de tentar.

» Tente criar um equilíbrio entre as atividades que envolvem exercício físico e as que não envolvem.

» Inclua atividades diárias como cozinhar, ler, atividades manuais e a manutenção de seus contatos sociais. Essas atividades são frequentemente negligenciadas quando você está atormentado por sintomas.

» Escolha se concentrar em cerca de cinco atividades novas ou antigas, dependendo do quanto sua vida é atribulada com compromissos familiares e de trabalho.

No caso de você ainda estar em dúvida quanto ao que fazer, eis algumas ideias — mas lembre-se de que esta lista não é exaustiva: antiguidades, apreciar artes, astronomia, fazer pão, jogar xadrez, dançar, jogar damas, costurar, fazer vitrais, pescar, jogar futebol, jardinagem, golfe, decoração de interiores, *kick boxing*, aprender línguas, dirigir, pintar, cuidar de animais (arrume um gato — o gato de Rhena, Jack, transformou a vida dela!), testes de conhecimentos gerais, tênis, trabalho voluntário, degustação de vinhos, escrever...

DICA

Animais de estimação são excelentes companhias. Mas eles também requerem considerável trabalho e comprometimento (especialmente cachorros, não importa o tamanho). Antes de decidir adotar um bichinho de estimação, pesquise para saber qual é o mais adequado para seu ambiente, rotina de trabalho e situação financeira. Caso contrário, você pode acabar sobrecarregado com um animal que requer muito mais trabalho e dedicação do que esperava.

Combinando suas atividades

Você se conhece melhor do que qualquer um, então é a melhor pessoa para julgar quais passatempos podem lhe trazer maior satisfação. Tente combinar suas atividades recreativas com seu jeito de ser. Se sabe que adora prestar atenção em detalhes, talvez goste de bordado ou de confeccionar joias. Esportes radicais podem lhe interessar se você sempre foi bem nas atividades físicas e gosta de adrenalina. Por outro lado, se nunca foi muito musical, tentar aprender um instrumento pode não ser a melhor escolha para você.

Colocando o cuidado pessoal em prática

Ah, os prazeres de uma boa massagem, um banho quente de espuma ou assistir a uma ópera (certo, sabemos que nem todos gostam de ópera). Você não pode superar seus problemas sem um grau significativo de esforço pessoal. Elogie-se pelo seu trabalho duro e conceda-se algumas coisas boas.

Seus "mimos" não precisam ser caros. Você pode fazer pequenas coisas — como colocar algumas flores em um vaso, deixar sua casa com um cheiro agradável, tocar uma musica prazerosa ou ver um filme ou programa preferido, que são atividades gratuitas ou baratas.

Considere os mimos pessoais como parte de seu *plano de prevenção de recaídas*. Até mesmo fazer pequenas coisas, como utilizar um bom óleo de banho ou comer um prato diferente uma vez por semana, podem lhe lembrar de seu valor e de tratar a si mesmo com carinho.

Reformando Seu Estilo de Vida

Sugerimos que você dê uma boa olhada na maneira como vive atualmente e decida o que é bom e o que não é tão bom para você. Assegure-se de levar em consideração as seguintes áreas:

» **Alimentação regular e saudável.** O princípio é relativamente simples: faça três refeições e dois lanches saudáveis por dia, com muitas frutas, vegetais e grãos. Minimize seu consumo de açúcar e carboidratos simples, como o pão branco, e não exagere na gordura saturada. Coma o que gosta com moderação. Se acha que precisa de uma ajuda extra com alimentação saudável, fale com seu médico, ele pode encaminhá-lo a um nutricionista.

DICA

> Tente manter um registro de tudo que come por uma semana. Identifique em que áreas pode fazer mudanças positivas em relação a uma alimentação mais regular e mais saudável. Se achar que suas ações não combinam com suas boas intenções, utilize a técnica Tic-Toc para se livrar dos pensamentos e atitudes que podem interferir em sua alimentação saudável.

» **Exercício regular.** Evidências sugerem que o exercício é muito benéfico tanto para a saúde mental quanto para a física. Tenha como objetivo pelo menos três sessões de exercício físico, com duração de 20 a 30 minutos cada, por semana (o ideal são cinco sessões, mas você pode precisar ir aumentando gradualmente). Consulte seu médico se você não tem se exercitado regularmente durante muito tempo.

» **Atividades de lazer.** Inclua atividades que gerem prazer ou satisfação e não estejam ligadas a seu trabalho ou vida doméstica. Lembre-se daquilo que costumava fazer, ou do que gostaria de fazer, ao escolher atividades e passatempos.

» **Contato social.** Conheça algumas pessoas novas ou renove suas relações já existentes. Às vezes, as relações sofrem por causa dos transtornos psicológicos.

» **Atividades de engajamento.** Envolva-se com causas que considera importantes, como reciclagem ou campanhas por direitos dos animais. Ainda que pequenas, ações cotidianas como sorrir para o vendedor da loja, segurar a porta para um estranho, desculpar uma indiscrição ou recolher lixo do chão o ajudam a reconhecer que está contribuindo para o tipo de mundo em que quer viver.

> **Gerencie seus recursos.** Essa tarefa envolve fazer um orçamento, contratar um contador, desenvolver um sistema para lidar com suas contas domésticas de maneira eficaz, renegociar suas horas de trabalho ou contratar uma faxineira ou babá.

Idealmente, você pode criar um bom equilíbrio entre os diferentes aspectos de sua vida, de modo que nenhum seja negligenciado.

Movimentando-se

Planos, por melhores que sejam, sempre podem ir por água abaixo. E como!

Você realmente está falando sério sobre fazer mudanças positivas em seu estilo de vida; contudo, só pensar nisso e fazer planos não é suficiente — embora *seja* um grande primeiro passo. Então, o passo seguinte é *concretizar*! As ações falam mais alto que palavras, então coloque suas intenções em prática logo, sem demora.

Mexendo seu corpo

Não podemos enfatizar o suficiente os múltiplos benefícios dos exercícios regulares. Eles são muito bons para você de diversas maneiras. Se não acredita em nós, experimente! Exercite-se algumas vezes por semana e veja se não vai se sentir melhor — desafiamos você a nos contradizer.

Você pode se exercitar de um modo que não envolva uma ida à academia. Jardinagem, caminhada, ciclismo, dança e trabalho doméstico, tudo isso ajuda seu corpo a se exercitar.

CUIDADO

Tenha certeza de se exercitar pelos motivos certos, como para se divertir, desestressar e manter sua saúde física e mental. Veja se não está se exercitando obsessivamente. Veja a seguir as seguintes motivações negativas para se exercitar:

- » **Para manter seu peso abaixo da recomendação médica.** Pessoas que sofrem de transtornos alimentares tendem, com frequência, a se exercitar de maneira obsessiva.

- » **Para melhorar sua aparência.** Pessoas com Transtorno Dismórfico Corporal (TDC) algumas vezes usam os exercícios para compensar os defeitos imaginários em sua aparência. Se você tem baixa autoestima e transtorno alimentar, pode se exercitar na tentativa de se tornar fisicamente mais aceitável para si mesmo e para os outros.

- » **Como punição.** Pessoas com sentimento de vergonha e baixa autoestima podem se exercitar em excesso como forma de punição.

DICA

Peça o seu treinador para calcular seu *Índice de Massa Corporal (IMC)*, que lhe confere uma faixa de peso normal para sua idade e altura.

Usando a cabeça

Talvez seus problemas emocionais interfiram na maneira como você trabalha ou estuda. Talvez suas dificuldades interfiram em seu progresso na carreira ou na mudança de emprego — afinal, muitas pessoas com problemas psicológicos também experimentam dificuldades no trabalho e nos estudos.

Comece a definir objetivos sobre como gostaria que sua vida acadêmica e profissional se desenvolvesse. Construa um plano de ação realista para seus objetivos profissionais e educacionais seguindo os seguintes passos:

1. **Comece seu plano levando em consideração o que você quer ser ou o que precisa fazer em termos de estudo e prática para chegar lá.**

2. **Divida seu grande objetivo em porções menores.** Você pode precisar reunir referências, construir um portfólio, escrever um

currículo, ou tentar um empréstimo ou ajuda financeira para custear seus estudos.

3. **Investigue locais de aprendizado.** Use a internet para buscar cursos específicos, contate universidades e colégios para verificar os programas de ensino, consulte um orientador vocacional ou visite uma agência de empregos.

4. **Crie um plano de estudo ou de treinamento em sua vida com o cuidado de equilibrar o estudo, o trabalho, os relacionamentos sociais e as atividades de lazer.**

5. **Estipule um tempo realista para atingir seus objetivos.** Exigir-se demais para atingi-los com muita rapidez provavelmente lhe causará estresse, impedirá que aproveite a jornada até seu objetivo, ou até mesmo o levará a abandonar todos os seus planos.

Estude só pelo prazer que há nisso. Desenvolver uma nova habilidade ou explorar uma nova área de interesse pode ser muito recompensador, seja ou não esse estudo aplicável diretamente a seu trabalho. As turmas de educação para adultos e as oficinas intensivas podem ser uma ótima maneira de explorar novos tópicos — e para encontrar novas pessoas, que podem ser benéficas se sua vida social sofreu durante sua doença.

Envolvendo-se

Pense no tipo de mundo em que você quer viver e como pode contribuir para criá-lo. Envolva-se em campanhas contra jogar lixo no chão, projetos de restauração de edifícios locais, caridade ou qualquer atividade que ache importante. Normalmente, é possível escolher quanto tempo dedicar a essas práticas.

Espiritualizando-se

Às vezes, as pessoas com desordens específicas, como o Transtorno Obsessivo Compulsivo (TOC) ou a culpa extrema, podem achar que suas religiões ou crenças espirituais se misturam com seus problemas. Restabelecer uma compreensão saudável de sua fé pode ser um aspecto importante de sua recuperação. Retomar suas formas antigas de fé — seja através da meditação, missas ou frequentar uma sinagoga — pode ajudá-lo a se reintegrar às suas crenças religiosas ou em sua comunidade. Você também pode descobrir que discutir seus problemas recentes com um líder religioso ou um membro de sua congregação pode ajudar.

Alinhando-se com Seus Valores

A maioria das pessoas desfruta mais a vida quando age de acordo com seus valores pessoais. Normalmente, pessoas que se tratam com TCC relatam melhora no humor, na opinião sobre si mesmo, senso geral de bem-estar e de "ser verdadeiro consigo mesmo" — depois de identificarem e começarem a agir de acordo com seus sistemas de valores individuais.

Por "valores" queremos dizer as coisas mais importantes na vida para você: sua ética pessoal, moral, filosofias, ideais, padrões e princípios. Às vezes, porém, sua depressão, ansiedade, baixa autoestima e outros tipos de problemas emocionais podem relegar seus interesses e valores para escanteio. Agora é hora de redescobri-los e honrá-los, para o bem de sua contínua saúde mental e felicidade.

Como todas as pessoas são indivíduos únicos, nem sempre compartilham dos mesmos valores. No entanto, pessoas com valores semelhantes geralmente se atraem e acabam frequentando os mesmos lugares. Você pode encontrar pessoas parecidas em cursos, reuniões, eventos de caridade, e assim por diante. Assim, analisar seus valores pessoais pode ter potencialmente o benefício extra de enriquecer sua vida social.

DICA

Retomar seus valores essenciais pode ser difícil se sua mente tem andado perdida em ansiedade e pensamentos pessimistas. Seja paciente consigo mesmo e permita-se redescobrir sua essência.

CAPÍTULO 18 **Buscando uma Vida Mais Saudável e Feliz**   217

Use os itens desta lista para ajudar a identificar seus princípios pessoais:

- » Trabalho e carreira.
- » Estudo e treinamento de habilidades.
- » Projetos de vigilância de seu bairro.
- » Interesses e identidade cultural.
- » Religião e espiritualidade.
- » Esportes e outros hobbies ativos.
- » Natureza, bem-estar animal, vida selvagem e meio ambiente.
- » Amizades e grupos de amigos (clubes do livro, sociais e outros).
- » Família e vida doméstica.
- » Causas e caridade.
- » Políticas.
- » Viagem.
- » Responsabilidade social.
- » Arte, música e teatro (observando ou participando).
- » Leitura.
- » Culinária.
- » Artesanatos em madeira, tricô, crochê ou cerâmica.
- » Incentivar padrões para conduta social, como ser educado, amigável e ajudar os outros.

A lista simplesmente sugere algumas áreas mais comuns de atividades baseadas em valores. Não se restrinja a ela! Seja criativo — pense tanto nas grandes quanto nas pequenas causas. Qualquer coisa que você fizer para honrar seus valores, pequenos ou grandes, é igualmente válida e benéfica (para você e para aqueles a sua volta).

Você pode achar valores pessoais mais fáceis de ser definidos se refletirem os de uma pessoa que respeita e admira. Tente seguir os seguintes passos:

1. **Pense em alguém que conheça bem (como um amigo ou familiar) ou de quem saiba muito a respeito (talvez uma celebridade ou figura histórica). Escreva os nomes deles em uma folha de papel.**

2. **Faça uma lista dos valores que eles aparentam ter, tenham falado abertamente a respeito ou demonstrado por meio de ações. É provável que você perceba que compartilha de alguns valores básicos com essas pessoas.**

3. **Faça observações específicas sobre as coisas que essa pessoa faz que apoiem e reflitam os valores pessoais dela (e os seus).**

4. **Elabore planos definidos para seguir o exemplo dessa pessoa! Escreva as coisas que pode fazer e quando pode realizá-las de modo realista. Use o formulário em branco da Tabela 18-2, mais adiante neste capítulo, para ajudá-lo a organizar seus pensamentos. Não se esqueça das pequenas coisas do cotidiano, que podem realmente ter um impacto positivo em sua vida e na dos outros.**

Refletindo seus valores em suas ações

Identificar seus valores não é tão simples. Mas você pode se ajudar a ser mais consciente dos seus valores, fazendo algumas perguntas a si mesmo. Pense no exemplo a seguir:

Callum luta com a ansiedade social há cinco anos. Embora tenha sido uma criança tímida e sensível, a ansiedade de Callum sobre o que os outros podem pensar dele surgiu na adolescência. Essa é uma época comum para as pessoas desenvolverem a ansiedade social. Callum passou tantos anos se preocupando, lutando para impressionar os outros, adivinhando e tentando influenciar a opinião dos outros sobre ele que não se lembra mais do que *realmente* pensa sobre *si mesmo*.

Como muitas pessoas que lutam contra a baixa autoestima e o medo extremo de ser julgadas de modo negativo pelas outras, Callum consistentemente acredita que "os outros sabem mais do que eu" e "minhas opiniões não têm muito valor". Como resultado desse modo de pensar, os valores, interesses e opiniões de Callum têm sido seriamente negligenciados. Felizmente, ele conseguiu usar a TCC para sair da armadilha da ansiedade social.

Veja algumas perguntas que Callum se fez para se ajudar a reconhecer seus valores, opiniões e interesses esquecidos:

> » Quais eram meus interesses antes que a ansiedade social assumisse o controle dos meus pensamentos?
>
> *Eu costumava gostar de mecânica e de carros antigos. Também gostava muito de filmes de ficção científica e romances. Eu ainda tenho interesse nessas áreas hoje.*
>
> » Se eu deixar as opiniões dos outros de lado, quais podem ser alguns dos meus principais lemas pessoais?
>
> *Acredito em viver de uma maneira socialmente responsável, que acrescente algo para a comunidade em que vivo.*
>
> *Acredito em "trabalhar para viver" em vez de "viver para trabalhar".*

Acredito em defender os direitos dos menos privilegiados, grupos vulneráveis, como idosos, pessoas com deficiência, aqueles que vivem na pobreza e os animais.

» Quais atividades e causas me apaixonam?

Apoiar ações de caridade que buscam melhorar as condições de vida das crianças e dos idosos.

Ser um tutor de animais responsável.

Apoiar o cultivo sustentável e reduzir as emissões de CO_2.

Viajar e curtir a natureza. Ler e aprender por prazer.

Ser sempre educado e amigável com os outros.

DICA

Seja ansiedade social, baixa autoestima geral, depressão ou outro problema que causa o "esquecimento" de seus valores, você pode se fazer as mesmas perguntas de Callum para si mesmo.

Uma vez que estiver familiarizado com seus valores essenciais, honrá-los por meio de ações deliberadas e persistentes passa a fazer sentido. E isso provavelmente melhorará sua alegria geral e proporcionará uma sensação de viver sua vida plenamente. Para transformar suas boas intenções em ações, faça um planejamento.

Callum fez alguns planos para viver em maior consonância com seus valores. Ele identificou diversas ações que refletem seus princípios e interesses, e programou horários claros para colocá-los em prática, como mostrado na Tabela 18-1.

TABELA 18-1 Formulário de Comportamentos Fundamentados em Valores de Callum

Valor	Atividade Relacionada	Frequência
Trabalhar para viver	Tirar tempo de folga regularmente	Sair de férias no começo de cada ano
Ser um tutor de animais	Levar meu cão para longas caminhadas	Três vezes por semana
Ajudar grupos vulneráveis	Doar para obras de caridade	Mensalmente
Reduzir as emissões de CO_2	Caminhar para o trabalho	Diariamente
Ser educado com os outros	Dizer "obrigado" e sorrir para quem eu encontrar	Diariamente
Ler e aprender por prazer	Ler romances	Duas vezes por semana

EXPERIMENTE

Use o formulário em branco apresentado na Tabela 18-2 para programar suas atividades fundamentadas em valores.

TABELA 18-2 Meu Formulário Fundamentado em Valores

Valor	Atividade Relacionada	Frequência

Querer ser aceito e se sentir parte de um amplo grupo social é da natureza humana. Entretanto, lembre-se de que, apesar de os pensamentos e visões das pessoas a seu redor serem importantes, eles não são mais importantes que você. Do mesmo modo, não é necessário basear sua autoimagem exclusivamente no que os outros pensam de você.

Você pode rejeitar os julgamentos das outras pessoas, total ou parcialmente, ou aceitá-los se achar que estão corretos. No fim das contas, é você quem se conhece melhor.

Mantendo o foco no que é importante

Desencavar seus valores básicos lembra-lhe do que em sua vida é mais importante para você no dia a dia. Às vezes, as pressões da vida moderna podem distorcer sua ideia sobre o que importa. Por exemplo, comparecer a uma reunião de trabalho pode parecer mais importante do que ir à peça da escola do seu sobrinho. Entretanto, mais tarde, quando ele lhe contar todo empolgado como conseguiu se lembrar de todas as falas, você pode se arrepender de ter colocado seu trabalho em primeiro lugar.

Nem sempre é possível fazer aquilo que fundamentalmente é mais importante para você sem sofrer consequências indesejadas, é claro. Entretanto, se analisar as coisas mais atentamente, provavelmente encontrará diversas oportunidades de honrar as que são importantes na sua vida, em vez de reagir cegamente às pressões externas do trabalho, e assim por diante.

> **NESTE CAPÍTULO**
>
> » Conhecendo os sentimentos que afetam você
> » Tomando uma atitude mais saudável
> » Evitando encurralar-se no caminho da recuperação

Capítulo 19
Superando os Obstáculos ao Progresso

Os seres humanos têm um modo sofisticado de bloquear seu progresso e sabotar seus objetivos. Talvez você o impeça sem perceber. Ou talvez tenha consciência de que está se sabotando com o pensamento negativo. Qualquer que seja o caso, este capítulo explora obstáculos comuns que ficam no caminho da mudança e sugere algumas dicas para superar os bloqueios para o progresso.

Lidando com as Emoções que Dificultam o Caminho da Mudança

Como se não bastasse ter um problema, você pode estar dando uma ajuda extra ao desconforto e ao sofrimento como resultado de alguns significados que atribui a seus problemas originais. Alguns dos sentimentos que pode experimentar sobre suas emoções primárias, como a vergonha, a culpa ou até mesmo o orgulho, podem resultar na *paralisia do progresso*.

Vergonha mutante

Quando as pessoas sentem vergonha de seus problemas, normalmente pensam que seus sintomas são sinais de fraqueza, imperfeição ou defeitos. Se você se sente envergonhado, tem menor probabilidade de buscar ajuda, pois se preocupa com que as outras pessoas o julguem duramente por ter um problema psicológico, como a depressão ou um comportamento aditivo, ou talvez que pensem que é tolo por ter outros tipos de problemas, como ansiedade ou fobia social. Você pode achar que qualquer pessoa para quem contar seu problema ficará horrorizada com alguns de seus pensamentos ou ações, e rejeitá-lo. Se sofre de Transtorno Obsessivo Compulsivo (TOC), um transtorno que se caracteriza por pensamentos ou ideias desagradáveis e inconvenientes, pode pensar que as outras pessoas não o entenderão. Na verdade, todo mundo tem pensamentos intrusivos e desanimadores de vez em quando.

Você pode estar envergonhado demais até mesmo para admitir para si mesmo que tem um problema. Responsabilizar eventos externos ou outras pessoas pelo problema com frequência é resultado da vergonha. A vergonha é realmente corrosiva à mudança, pois pode ter os seguintes efeitos:

- » Fazer com que você se isole, o que piora ainda mais seu humor.
- » Levá-lo a negar o problema. E você não pode trabalhar na resolução do problema se não estiver disposto a reconhecer que ele existe.
- » Fazer com que você culpe outras pessoas e eventos por suas dificuldades, roubando sua força pessoal para a mudança.
- » Fazer com que você superestime seus sintomas como "anormais", "esquisitos" ou "inaceitáveis".
- » Levá-lo a superestimar o grau de rigidez com o qual os outros o julgam por ter um problema.
- » Impedir você de buscar mais informações que o possam ajudar a perceber que seu problema não é tão incomum.
- » Impedir você de buscar a ajuda psicológica apropriada ou a medicação correta.

Livrando-se da culpa

A *culpa* é uma emoção negativa e nociva, conhecida pelo poder de bloquear a mudança positiva. Você pode pensar certas coisas que provocam culpa, como as seguintes:

- » "Estou causando muitas preocupações para a minha família com meus problemas."
- » "Outras pessoas no mundo estão muito piores do que eu. Não tenho direito de estar deprimido."
- » "Eu deveria ser mais produtivo. Em vez disso, sou apenas um desperdício de espaço."

A culpa sabota suas chances de tomar atitudes produtivas. Pensamentos de culpa, como os dos exemplos acima, podem levá-lo a colocar-se ainda mais para baixo, fazendo, assim, que você se deprima mais. Sua depressão o leva a ver o futuro como perdido e suga sua motivação.

Mesmo que os pensamentos que estejam fazendo você se sentir culpado por sua depressão, ansiedade ou outro problema tenham alguma verdade, tente aceitar-se como alguém que *não está bem*. Por exemplo, a diminuição de sua capacidade de ser produtivo é um efeito colateral de sua depressão, não um indicativo de que você é ruim ou uma pessoa egoísta.

Adotando Princípios Positivos que Promovam o Progresso

Algumas das atitudes que você adota provavelmente não lhe farão nenhum bem durante o processo de superação de seus problemas. Felizmente, você pode trocar suas atitudes negativas por crenças alternativas que lhe darão aquela mãozinha para subir a escada da recuperação da saúde emocional.

Simples não significa fácil

A maioria dos passos para superar problemas usando a TCC é relativamente simples. A TCC não é física quântica — na verdade, muitos dos princípios e recomendações podem parecer senso comum. Embora a TCC faça sentido, ela não é assim tão comum — se fosse, poucas pessoas estariam sofrendo de problemas emocionais.

Ainda que a TCC seja muito simples, a verdadeira aplicação de seus princípios está longe de ser fácil. Utilizar a TCC para ajudar-se requer muito *esforço* pessoal, *diligência*, *repetição* e *determinação*.

Sendo otimista em relação a melhorar

Um dos grandes obstáculos que o impedem de melhorar é se recusar a acreditar que a mudança é possível. Esteja atento para previsões negativas que você pode estar fazendo em relação à sua habilidade de melhorar. Desafie qualquer pensamento que se assemelhe aos seguintes:

> » "Outras pessoas melhoram, mas elas não são tão problemáticas como eu."
> » "Nunca mudarei — sou assim há muito tempo."
> » "Essa tal de TCC nunca funcionará para alguém inútil como eu."

Você encorajaria um amigo a acreditar em tais pensamentos, ou o incentivaria a contestá-los? Tente dar a si mesmo o tipo de bom conselho que daria a outra pessoa com seu tipo de problema.

Busque evidências de que você *consegue* realizar mudanças. Lembre-se das outras coisas que fez no passado e que eram difíceis e requeriam grandes esforços para superar. Se você não der uma chance a um novo método de tratamento, poderá *saber* que ele não funciona?

Focando seus objetivos

Se deseja continuar progredindo na recuperação de sua saúde emocional, ocasionalmente precisará renovar seu compromisso com seus objetivos. Se esquecer qual é o motivo para tudo isso, pode acabar estagnado no meio do caminho, ou com sentimentos ambivalentes em relação a superar seus problemas. Afinal, estar ansioso, deprimido ou com raiva pode parecer mais fácil que mudar.

Perseverando e repetindo

Com frequência, escutamos as pessoas dizendo que tentaram uma técnica ou experimento uma vez, mas que isso não as fez se sentir melhor. A razão para essa falta de sucesso é que uma única vez raramente é suficiente. Quando você trabalha pela mudança de padrões já arraigados de pensamento e comportamento, provavelmente terá de tentar novas alternativas muitas vezes antes de experimentar alguma mudança benéfica. É necessário se permitir muitas oportunidades para se acostumar com o novo pensamento ou comportamento. Espere também que, no início, as novas maneiras de pensar e se comportar pareçam muito artificiais.

As pessoas podem se treinar para usar novos padrões de comportamento o tempo todo. Pense nas pessoas que abandonam o cigarro ou mudam suas dietas. Mesmo mudar de casa e alterar sua rota para o trabalho são exemplos de treinamento comportamental. Você pode treinar sua maneira de pensar assim como seu comportamento — perseverança e repetição se aplicam a ambos.

Lidando com Pensamentos que Interferem em Suas Tarefas

A técnica "Tic-Toc" é um modo simples, porém eficaz, de desbloquear os caminhos para a mudança. A técnica dá uma mãozinha para que você atinja seus objetivos.

TICs são *as Tarefas Interferidas pelas Cognições*: pensamentos, atitudes e crenças que interferem na maneira como você progride. Você precisa responder com *TOCs* — *Tarefas Orientadas por Cognições*, que são alternativas construtivas às TICs. A lista de atitudes negativas (armadilhas) abaixo ajuda a extrair algumas ideias sobre tarefas interferidas por cognições.

Preencha o Formulário Tic-Toc pelos seguintes passos:

1. **Identifique o objetivo ou tarefa em que quer se concentrar.**
2. **Na coluna da esquerda (TICs), liste seus pensamentos, atitudes e crenças que atrapalham seu objetivo.**
3. **Na coluna da direita (TOCs), coloque respostas para cada um de seus TICs, que o ajudarão a atingir seu objetivo ou tarefa.**

Utilize-o sempre que perceber que não está perseguindo um objetivo ou realizando uma tarefa. A Tabela 19-1 exibe um exemplo de Formulário Tic-Toc.

TABELA 19-1 Exemplo de Formulário Tic-Toc

Objetivo ou tarefa: Arranjar tempo e preencher os formulários de inscrição para a minha universidade.	
Tarefas Interferidas por Cognições (TICs)	Tarefas Orientadas por Cognições (TOCs)
1. Se eu começar, ficarei muito estressado.	1. Fazer isso é uma luta, mas, se eu der um passo por vez, conseguirei.
2. É muito complicado; provavelmente farei errado.	2. Se eu ler o manual cuidadosamente, é provável fazer um bom trabalho.
3. Provavelmente serei rejeitado.	3. Eu tenho uma boa chance e realmente me arrependerei se perder o prazo.
4. Não há razão para tentar, eu sempre acabo desistindo.	4. Eu já desisti, mas vou continuar tentando e vou começar já!

> **NESTE CAPÍTULO**
>
> » Cuidando dos frutos de seu trabalho suado
> » Evitando potenciais recaídas e superando recaídas real
> » Semeando as sementes de amor (e compaixão)

Capítulo **20**

Mantendo Suas Conquistas

Cuidar das mudanças positivas que conseguiu é uma grande parte da ajuda para se manter emocionalmente saudável. Você pode alimentar suas crenças e mudanças comportamentais diariamente. O processo é semelhante ao de aguar as plantas para mantê-las vistosas. Quanto maior o cuidado que dedicar a si mesmo, tanto de modo geral quanto específico — por exemplo, praticando novas formas de pensar e agir —, mais você reduz as chances de voltar a seus antigos modos problemáticos.

Separando As Ervas Daninhas das Flores

Pense na vida como se fosse um jardim. As formas de pensamento e os comportamentos correspondentes nocivos e rígidos, como fuga, rituais, estratégias de segurança, perfeccionismo e necessidade de agradar o tempo todo (só para citar alguns), são as ervas daninhas em seu jardim. As flores consistem em seu pensamento flexível e saudável, como aceitar a si mesmo e aos outros, aceitar as incertezas e permitir-se ser falível; e seus comportamentos saudáveis, como assertividade, comunicação, resolução de problemas e enfrentamento das situações. (Veja os Capítulos 4 e 13 para saber mais sobre exposição e prevenção de reações.)

Depois de identificar seus comportamentos e tendências inadequadas de pensamento, e de incorporar algumas alternativas saudáveis, você pode prestar mais atenção às ervas daninhas que surgirem e ficar de olho na saúde de suas flores.

Faça-se as seguintes perguntas, que o ajudam a separar suas ervas daninhas de suas flores:

» **Quais são as áreas que mais preciso manter ativas para preservar meus ganhos com a TCC?** As áreas que você identificar são aquelas em que as ervas daninhas são mais prováveis de se enraizar primeiro.

» **Quais estratégias da TCC mais me ajudam a superar meus problemas emocionais?** Pense a respeito das novas atitudes que você adotou em relação a si mesmo, ao mundo e às outras pessoas. Essas áreas são suas flores mais novas e tenras — são os ramos mais delicados, que mais precisam de sua atenção.

» **Quais são as técnicas mais úteis que apliquei para superar meus problemas emocionais?** Pense nas novas formas de comportamento que adotou (narcisos) e as velhas formas de se comportar que abandonou (espinhos). Mantenha seus novos comportamentos saudáveis e esteja alerta para não voltar a seus antigos padrões nocivos de comportamento. Utilize um calendário de atividades para ajudá-lo a realizar rotinas e comportamentos benéficos (pule para o Capítulo 12 para saber mais sobre programação de atividades).

DICA

Anote as respostas às questões anteriores de modo que as possa rever com frequência para se lembrar de onde precisa capinar.

Lidando com as Ervas Daninhas

Esta seção aborda tópicos relacionados às ervas daninhas e oferece algumas sugestões para que você as impeça de tomar conta de seu jardim, prevendo onde é mais provável que elas cresçam e como lidar com aquelas que teimam em voltar.

Arrancando as ervas daninhas pela raiz

Pelo canto do olho você enxerga uma traiçoeira erva daninha surgindo. Você pode ficar tentado a ignorá-la. Talvez ela suma ou se enfraqueça e morra sozinha. Infelizmente, as ervas daninhas raramente desaparecem por conta própria. Em vez disso, tendem a se espalhar e sufocar seus brotos de margaridas. Presuma que qualquer erva que você identificar precise ser destruída imediatamente.

Um motivo comum para ignorar um problema recorrente é a vergonha (sobre a qual falamos no Capítulo 19). Se você sente vergonha por ter problemas recorrentes, pode tentar negá-los, e evitar buscar a ajuda de profissionais ou o apoio de amigos ou da família. Pode ainda ficar menos propenso a realizar um esforço pessoal para rebater o problema da mesma maneira que fez da primeira vez.

LEMBRE-SE

Os obstáculos são uma parte normal do desenvolvimento. Os seres humanos estão sujeitos a problemas emocionais e psicológicos tanto quanto aos físicos. Você não precisa sentir mais vergonha de seus problemas psicológicos do que de uma alergia ou uma cardiopatia.

Outra razão comum para as pessoas ignorarem o ressurgimento dos problemas psicológicos é a *catastrofização* ou presumir sempre o pior. Muitas pessoas concluem equivocadamente que as recaídas equivalem a retornar à estaca zero — mas com certeza não precisa ser assim. Pense que um problema resolvido anteriormente tem uma desvantagem fundamental ao retornar. Isso porque dessa vez você conhece seu inimigo. Use o que já sabe sobre reconhecer e reprimir seu antigo jeito de pensar e de se comportar para ajudá-lo a arrancar aquela erva daninha antes que cresça demais.

Por exemplo, se você tem um histórico de depressão, pode perceber que as ervas daninhas começam a aparecer quando faz algumas das coisas a seguir:

- » Começa a pensar de maneira pessimista em relação a seu futuro e sua capacidade de lidar com os problemas diários.
- » Rumina sobre os erros do passado e sobre o quanto seu humor está ruim.
- » Perde o interesse em ver sua família e amigos.
- » Tem dificuldade em sair da cama e quer dormir mais durante o dia, em vez de realizar as tarefas diárias ou fazer exercícios.

Se perceber esses espinhos venenosos surgindo em sua vida florida, tente algumas destas técnicas:

- » Conteste sua tendência a pensamentos negativos e lembre-se de que seus pensamentos não são descrições precisas da realidade, mas sim sintomas de sua depressão.
- » Interrompa o processo de ruminação utilizando técnicas de tarefas de concentração e de mindfulness.
- » Continue a encontrar sua família e seus amigos, apesar da diminuição no interesse, considerando que isso o faz se sentir melhor, e não pior.
- » Force-se a sair da cama de manhã e manter sua agenda de atividades.

Sejam quais forem seus problemas específicos, siga o exemplo anterior: anote suas descrições sobre ervas daninhas previsíveis e algumas soluções herbicidas para ter em mãos.

Descobrindo onde as ervas daninhas podem aparecer

Para prevenir as recaídas, atente para onde é mais provável que suas ervas daninhas criem raízes.

Você pode perceber que alguns problemas, como o TOC, a ansiedade e a depressão, são mais evidentes quando está se recuperando de uma doença física. Reconhecer essas experiências humanas comuns pode ajudá-lo a combater qualquer vergonha que possa sentir e a não tratar a volta de seus sintomas como o fim do mundo.

Compile uma lista de situações e fatores ambientais mais prováveis de criar espaço para suas ervas daninhas se tornarem plantas carnívoras. Por exemplo, você pode ser capaz de identificar os *gatilhos ambientais* para sua depressão, como os seguintes:

- » Mudanças sazonais, especialmente durante o outono, quando os dias ficam mais curtos e o clima, mais frio.
- » Privações de sono por causa de compromissos de trabalho, filhos, doença ou outra razão.
- » Falta de exercício ou atividade física.
- » Acúmulo dos aborrecimentos do dia a dia, como o aquecedor quebrar na mesma semana em que a máquina de lavar explodiu e umas contas extras chegaram.
- » Redução das oportunidades de interação social positiva com amigos e familiares.

Você também pode identificar *gatilhos interpessoais* para sua depressão, como estes:

- » Parceiro cansado e irritadiço.
- » Atritos com seu parceiro, filhos, pais ou outros familiares.
- » No trabalho, um chefe crítico e exigente demais.
- » Desentendimentos com seus colegas de trabalho.

Faça uma lista de situações de alto risco para você, incluindo aquelas que são mais suscetíveis de acender suas crenças negativas centrais, e as situações que o colocam sob tensão. Criar essa lista ajuda a ter uma ideia clara de quando você está mais vulnerável a recair e a identificar que solo psicológico é mais fértil para o crescimento das ervas daninhas.

> **NESTE CAPÍTULO**
> » Decidindo trabalhar com um terapeuta cognitivo-comportamental
> » Identificando as características de um bom terapeuta

Capítulo 21
Trabalhando com Profissionais

A TCC ganhou popularidade nos últimos anos, em parte devido às pesquisas que demonstram que ela é um tratamento eficaz para muitos problemas psicológicos. Este tipo de terapia está se tornando cada vez mais o tratamento escolhido para problemas de saúde mental. Psiquiatras e psicólogos nunca a recomendaram tanto a seus pacientes. No Reino Unido, mais verbas governamentais têm sido alocadas para a formação de terapeutas cognitivo-comportamentais, para atender à crescente demanda.

Procurando Ajuda Profissional

As informações neste livro podem ser tudo o que precisa para superar seus problemas emocionais. Além da autoajuda, você pode decidir que quer ou precisa de ajuda adicional de um terapeuta qualificado para lidar com suas dificuldades. Se você tem problemas graves ou difíceis de superar, seu médico pode também prescrever medicação ou encaminhá-lo a um psiquiatra para uma avaliação mais específica. Os psiquiatras normalmente o encaminham a um psicoterapeuta qualificado, para tratar seus problemas específicos. Seu clínico geral pode também sugerir um terapeuta, mesmo que você tenha sido encaminhado a um psiquiatra.

Pergunte-se as seguintes questões para determinar se *agora* é a hora certa para buscar ajuda profissional:

» **Quão sérios são seus problemas atuais?** Por exemplo, se você tem uma grave depressão ou sente que não aguenta mais, buscar a ajuda de um especialista é altamente recomendável, pois você pode estar doente demais para conseguir extrair todo o benefício das técnicas de autoajuda. Por "sérios" queremos dizer que seu problema está interferindo de maneira significativa em suas relações, em sua capacidade de trabalhar ou de levar um dia normal de atividades. Se experimentou sintomas ininterruptos durante mais de dois meses, ou percebeu que seus sintomas voltam com mais frequência, você deve procurar ajuda profissional.

» **Você tentou métodos de autoajuda de maneira contínua e sistemática durante pelo menos duas (e preferencialmente seis) semanas?** Se você sente que está fazendo algum progresso em seus problemas, pode não precisar trabalhar com um profissional agora. Contudo, se não está satisfeito com a velocidade de seu progresso e continua se sentindo mal a maior parte do tempo, então sessões estruturadas de terapia podem ajudá-lo.

» **Seus problemas interferem em sua habilidade de se concentrar e utilizar o material de autoajuda?** Se sim, um terapeuta poderá ser capaz de ajudá-lo a digerir as informações e as técnicas em um ritmo que você possa acompanhar.

» **Você vê sentido nos princípios de autoajuda, mas tem problemas para aplicá-los em sua vida?** A maioria dos terapeutas é muito mais experiente do que você em aplicar os princípios psicológicos aos tipos específicos de problemas. Eles podem sugerir outras maneiras para ajudá-lo a progredir e guiá-lo no melhor uso das técnicas terapêuticas descritas nos livros de autoajuda.

» **Você atingiu um obstáculo ou um ponto de estagnação em seu programa de autoajuda, de modo que não consegue superar sozinho?** Ao trabalhar com um terapeuta treinado e experiente, você pode desenvolver a habilidade de transpor as barreiras e retomar o progresso no seu tratamento. Um terapeuta pode, com frequência, dar sugestões que você não tenha tentado, o que serve como um motivador para colocar em andamento seu tratamento novamente.

» **Você está pronto para compartilhar seus problemas com os outros e se unir a eles para atingir os objetivos compartilhados da terapia?** A terapia é um esforço coletivo. Os terapeutas não o "consertam". Seu tratamento ainda precisa de muitas atitudes suas.

Pensando sobre a terapia certa para você

LEMBRE-SE

Médicos e psicólogos frequentemente recomendam a TCC porque pesquisas evidenciam sua eficácia. Especialmente:

» A TCC é uma abordagem ativa de resolução de problemas, que o ajuda a desenvolver habilidades e capacitá-lo a ser o próprio terapeuta.

» A TCC concentra-se no presente, enquanto muitos terapeutas focam sua história pessoal. Na TCC, você utiliza suas experiências da infância para ajudar a si mesmo e a seu terapeuta a compreender como você desenvolveu as crenças e formas específicas de comportamento. Contudo, o foco está em seus problemas *atuais* e nas maneiras como seu pensamento e ação perpetuam seus problemas.

> A TCC enfatiza uma relação colaborativa na terapia. Os terapeutas cognitivo-comportamentais podem ajudá-lo a construir suas habilidades e eles provavelmente esperam que você realize suas tarefas entre as sessões.

Diversos novos ramos de tratamento da TCC estão se desenvolvendo nos princípios essenciais descritos anteriormente, mas incorporando também algumas novas ideias. Alguns deles incluem:

> **Terapia focada em esquemas:** Frequentemente usada para ajudar as pessoas a lidarem com problemas de personalidade que as impedem de construir relacionamentos saudáveis.
>
> **TCC baseada em mindfulness:** Esta terapia combina princípios da TCC com ideias originadas no Budismo. Foi provada eficaz no tratamento de depressão e problemas de ansiedade.
>
> **Terapia de aceitação e compromisso (ACT):** Este tratamento tem se mostrado eficaz para a depressão. Ele se concentra na autoaceitação e na compaixão na superação de seus problemas.
>
> **Hipnoterapia com TCC:** Esta terapia intensifica a TCC com a hipnose. A auto-hipnose pode ser aprendida e pode ser particularmente útil para pessoas que sofrem de traumas, fobias ou transtornos gerais de ansiedade.

Além da TCC, você pode se deparar com dezenas de outras abordagens terapêuticas ao investigar suas opções de tratamento. Algumas das psicoterapias mais comuns praticadas atualmente incluem as seguintes:

> **Análise transacional:** Foca relações internas entre os aspectos parentais, adultos e infantis da personalidade humana.
>
> **Abordagem centrada na pessoa:** Enfatiza o terapeuta demonstrando confiança, empatia e honestidade em relação ao cliente, mas sem direcioná-lo.

» **Terapia psicodinâmica:** O foco está no cliente expressar sentimentos originados de experiências anteriores, conforme esses sentimentos surjam durante as sessões.

» **Terapia sistêmica:** Comumente utilizada com famílias e casais, ela enfatiza a ideia de que os problemas são produtos de um sistema defeituoso, por exemplo, uma família ou um relacionamento.

» **Terapia interpessoal (TIP):** Foca mudanças em papéis da vida, tristeza e conflitos entre os parceiros amorosos. A TIP é outro tratamento comprovado contra a depressão e alguns transtornos alimentares.

Conhecendo os especialistas

Muitos profissionais da saúde mental são capazes de oferecer conselhos genéricos e suporte. Se você quer especificamente a TCC, não hesite em dizer. Muitos psiquiatras, psicólogos e enfermeiros têm algum treinamento em TCC, mas verifique a extensão de seu conhecimento e experiência. Idealmente, escolha alguém que possua treinamento especializado em TCC. Por *treinamento especializado* entenda que o terapeuta deva ser pelo menos graduado em TCC, por uma universidade ou instituto de treinamento reconhecido.

No caso de sentir-se um pouco desorientado com a quantidade de diferentes profissionais oferecendo ajuda, eis uma pequena classificação deles:

» *Psiquiatras* são médicos que se especializaram em problemas psicológicos. Eles podem prescrever medicação e são normalmente mais conhecedores das drogas utilizadas para tratar doenças psiquiátricas do que os médicos em geral. Nem todos os psiquiatras são treinados em TCC, embora muitos possam encaminhá-lo a um terapeuta cognitivo-comportamental que conheçam.

- » *Psicólogos clínicos* normalmente estudam uma ampla variedade de terapias e têm treinamento básico na aplicação de princípios terapêuticos para problemas específicos. Muitos podem oferecer TCC, mas podem não ter treinamento especializado.

- » *Psicólogos de aconselhamento* foram treinados em aconselhamento básico e diferentes tipos de psicoterapia. Assim como o psicólogo clínico, a maior parte dos psicólogos de aconselhamento não possui treinamento especializado em TCC, mas eles podem oferecê-lo como parte das técnicas que usam.

- » *Enfermeiros terapeutas* são originalmente treinados em enfermagem psiquiátrica. Eles têm uma compreensão mais profunda dos processos e desordens psicológicas do que os enfermeiros comuns.

- » *Conselheiros* são tipicamente treinados nas técnicas de ouvir e ajudar. Podem ter um diploma em aconselhamento básico, ou ser mais especializados em certos problemas, como a dependência química. Eles nem sempre têm graduação em psicologia ou um profundo conhecimento dos problemas psicológicos. Frequentemente, os conselheiros não são especializados em uma orientação psicoterapêutica específica, como a TCC.

- » Os *psicoterapeutas* normalmente se especializaram em uma escola específica de terapia, a TCC, por exemplo, ou terapia centrada na pessoa. O nível de treinamento e de experiência, contudo, pode variar muito.

Conversando com os especialistas

Procure extrair o máximo de informações em seu contato telefônico inicial com os possíveis terapeutas, perguntando qualquer questão que pensar. Uma vez que tenha marcado um encontro de avaliação com seu terapeuta, talvez você deseje listar algumas coisas que queira discutir durante seu primeiro encontro. Adiante, apresentamos sugestões de perguntas para fazer a seu terapeuta.

DICA

Embora varie a disposição dos terapeutas cognitivo-comportamentais para discutir pelo telefone antes da primeira consulta, as seguintes questões são razoáveis depois de identificar seu terapeuta em potencial:

- » Quanto é a consulta (se o terapeuta for um profissional particular)?
- » Quanto dura suas sessões?
- » Você cobra taxa de cancelamento?
- » Você tem alguma experiência no tratamento de meus tipos específicos de problema?
- » As sessões são fixas em um determinado horário cada semana, ou podem variar?
- » Onde você atua? Você tem sala de espera?
- » Posso gravar nossas sessões?

Se ficar satisfeito com as respostas que receber de seu terapeuta ao telefone, busque respostas para as seguintes questões mais detalhadas durante sua primeira consulta:

- » Você pode explicar sua teoria sobre o que está alimentando meus problemas?
- » Que tipo de coisas você pensa que preciso fazer para superar meus problemas?
- » Quantas sessões você estima que serão necessárias?
- » O que você espera de mim na terapia — e o que posso esperar de você?
- » Você pode recomendar alguma leitura ou material de autoajuda para mim?

ROTAPLAN
GRÁFICA E EDITORA LTDA
Rua Álvaro Seixas, 165
Engenho Novo - Rio de Janeiro
Tels.: (21) 2201-2089 / 8898
E-mail: rotaplanrio@gmail.com